KB065652

보살핌의
경제학

이타심은
어떻게 경제적 자본이
되는가?

보살핌의 경제학

달라이 라마, 타니아 싱어,
마티외 리카르 외 지음

-

구미화 옮김

나무의마음

차례

서문

‘나쁜 경제’에서 ‘보살핌의 경제’로

오늘날 우리는 서로가 아주 긴밀하게 연결된 세계에 살고 있습니다. 요즘 같은 글로벌 경제에서는 국경은 물론 바다 건너 다른 대륙에 사는 사람들과도 깊이 연결되어 운명을 함께합니다. 이처럼 전례 없는 규모의 경제 통합 덕분에 많은 사람들이 풍요로운 삶을 살게 되었고 생활수준도 높아졌습니다. 하지만 그로 인해 국가 간은 물론 한 국가 안에서도 빈부 격차가 극심해진 것 또한 부인할 수 없는 사실입니다.

이러한 빈부 격차를 어떻게 줄일 수 있을까? 고민하다보면 여러 가지 의문이 듭니다. 지금의 (불공정한) 경제 시스템을 좀더 공정하게 만들 방법은 없을까? 시장의 보이지 않는 손이 저절로 효율성을 이끌어낸다고 믿는 근대 자본주의 시스템의 기본 가정은 오늘날과 같은 세계화 시대에도 여전히 유효할까? 지금의 경제 시스템에 이타주의처럼 강력하고 긍정적인 동기요인이 끼어들 여지가 있을까? 아니면 흔히 알려진 대로 이기적인 행동이 더 많은 보상을 얻는다는 가설이 맞을까? 국내총생산GDP 증가는 정말로 한 나라의 경제적 진보를 가장 잘 보여주는 지표라고 할 수 있을까?

결국 중요한 것은 우리의 경제 시스템과 우리가 추구하는 행복과의 관계를 살펴보는 게 아닌가 싶습니다.

마인드&라이프 인스티튜트The Mind and Life Institute(이하 마인드&라이프)는 이 같은 주제를 논의하기 위해 스위스 취리히에서 콘퍼런스를 개최했습니다. '대부분의 국가들이 경쟁 위주의 서구식 경제 제도를 따르는 상황에서 사회친화적 동기요인이나 이타주의는 어떤 의미를 갖는가?' 하는 핵심 논제는 2008년 세계 금융 위기의 영향으로 더욱 공감을 얻었습니다. 많은 전문가들이 한자리에 모였습니다. 심리학자와 명상하는 과학자 외에도 경제적 의사결정, 협력, 사회친화적 행동, 공감, 자비 등의 근거를 연구하는 뇌과학자, 그리고 혁신적인 경제 시스템 개발을 위해 노력하고 있는 여러 전문가들이 참여했습니다. 이분들과 서로를 고무시키는 대화를 나눈 것은 큰 행운이었다고 생각합니다.

경제학 분야에 근본적인 사고의 전환이 필요하다는 것은 갈수록 명백해지고 있습니다. 경제학의 지평이 넓어져야 합니다. 사회와 환경에 미치는 영향을 좀더 폭넓게 살피고, 공정성 문제와 더불어 공평한 분배도 고려해야 합니다. 경제학에도 윤리 의식과 자비심이 필요하다는 인식이 확대되고 있습니다. 경제학도 결국은 인간의 행동을 다루는 학문이며, 근본적으로는 개개인의 행복을 확대하고 고통은 줄이려는 데 목적이 있기 때문입니다.

『보살핌의 경제학Caring Economics』을 출간함으로써 취리히에서 나누었던, 오늘날 우리 모두에게 생각할 거리를 던져주는 이 풍성한 이야기들을 많은 분들과 공유할 수 있다고 생각하니 무척 기쁩니다. 콘퍼런스를 성공적으로 이끌고 이 책이 완성되도록 애써주신 모든 분들께 감사합니다.

'우리에게 과연 어떤 경제 시스템이 필요한가?' 하는 문제는 전문가들뿐만 아니라 이 시대를 살아가는 우리 모두와 밀접한 관련이 있습니다. 시장이 지닌 활력을 고스란히 유지하면서도 그 열매를 좀더 공평하게 나누려 애쓰는 새로운 경제 시스템을 제시하며, 아무쪼록 이 책에 담긴 이야기가 그것을 실현하는 데에 촉매제로 작용하기를 바랍니다.

_달라이 라마

들어가며

경제적 인간 '호모 이코노미쿠스'를 위한 새로운 경제 모델

한계점에 도달한 지금의 경제 시스템

요즘 미디어는 금융 위기와 그 해결방안에 대한 논의로 뜨겁습니다. 그런데 해법으로 거론되는 것들을 살펴보면 대부분 문제를 심층적으로 다루기보다는 경제가 다시 예전처럼 호황기로 돌아가도록 하는 데 목적이 있다는 것을 알 수 있습니다.

시간이 갈수록 그런 식의 접근에 한계를 느끼고 지금의 경제 시스템과 모든 경제 활동을 개인은 물론 전 지구적 차원에서 재검토해야 한다고 인식하는 사람들이 늘고 있습니다. 많은 사람들이 이제 더이상 금융 위기 재발을 방지하는 정도로는 충분하지 않다고 생각하는 것이지요.

지금보다 서로를 좀더 보살피는, 그러니까 지속 가능하고 공정한 경제 시스템에 대한 요구는 전 세계적 흐름입니다. 소수 엘리트들의 욕구에만 부응하는 것이 아니라, 자비와 인도주의를 바탕으로 세계 공동체를 이롭게 하고, 장기적인 관점에서 미래 세대와 생태계를 보살피는 그런 경제 시스템을 원합니다.

과연 우리가 그런 경제 시스템을 실현할 수 있을까요? 가능하다면 어떤 형태로 구현하여, 어떻게 세상을 바꿀 수 있을까요?

이 같은 질문에 답하기 위해 경제학, 뇌과학, 철학, 명상 수련, 비즈니스 등 다양한 분야에서 세계적으로 명성을 쌓은 전문가들이 티베트의 정신적 지도자 달라이 라마와 함께 스위스 취리히에 모였습니다. 마인드&라이프가 '경제 시스템 안에서의 이타주의와 자비'라는 주제로 마련한 콘퍼런스에 참가하기 위해서였습니다.

마인드&라이프는 달라이 라마가 과학자, 철학자, 명상 수련자들과 나눈 일련의 학제 간 토론으로 주목받기 시작하였습니다. 마음과 현상의 본질을 탐구함으로써 지구상에 더 많은 행복이 깃들게 하는 방법을 고민하는 것이 토론의 주된 내용입니다. 1987년부터 이어진 토론에서는 물리학, 우주론, 생태학, 윤리학에서부터 파괴적인 감정과 교육에 이르기까지 폭넓은 주제를 다루어왔습니다.[1]

'경제 시스템 안에서의 이타주의와 자비'를 주제로 열린 이번 콘퍼런스는 여러 가지 면에서 마인드&라이프가 주최한 가장 야심찬 콘퍼런스 중 하나입니다. 맨 처음 아이디어를 낸 이는 뇌과학자인 타니아 싱어Tania Singer입니다. 타니아 싱어는 2006년 취리히대학에서 심리학자, 뇌과학자, 그리고 경제학자들과 공동으로 인간이 친사회성pro-sociality을 보이며 협력하는 근거를 찾고자 한 연구에 참여했습니다.

그동안 (이번 콘퍼런스에 발표자로 참여한) 에른스트 페르Ernst Fehr[2] 같은 미시경제학자들 덕분에 사람들이 경제 거래를 할 때 공정성을 중시한다는 사실이 알려지긴 했지만, 지금의 경제 모델 대부분은 개인의 이기적인 성향을 전제로 합니다. 자비심과 이타적 동기는 심리학에서 자주 연구되고, 고도로 개발된 불교 수행(자비 명상인 '메타 명상'을 지칭—편집자주)에서도 집중하는 주제이지만, 경제학계나 현실 경제에서는 여전히 낯선 개념입니다.

타니아 싱어는 경쟁 위주의 경제 시스템에 인도주의적 가치와 사회 친화적 동기를 접목시킬 방법을 여러 분야의 연구자들과 함께 찾아보고자 마인드&라이프에 제안을 했고, 그곳의 유럽 본부 대표인 디에고 핸가트너Diego Hangartner와 프랑스 출신 작가이자 불교 승려인 마티외 리카르Matthieu Ricard가 힘을 보태면서 콘퍼런스를 위한 본격적인 준비가 시작되었습니다.

처음에 일부 학자들은 '불교나 명상 관련 연구의 어떤 부분이 경제학 토론의 주제가 될 수 있을까?' 하며 의구심을 보였습니다. 불교나 명상은 경제학과 만날 수 없는 개념처럼 보였기 때문입니다. 불교나 명상은 자비와 소박한 삶, 고통의 해소를 중시하는 반면, 경제학은 물질적 부와 안락함, 행복에 필요한 외적 조건을 추구합니다. 그럼에도 이들 사이에는 중요한 공통점이 있습니다. 둘 다 인간의 행복 증진을 목표로 한다는 점입니다.

그렇다면 불교와 경제학은 각각 추구하는 바를 이루었을까요? 타니아 싱어, 디에고 핸가트너, 마티외 리카르는 불교와 경제학이 뇌과학, 철학, 비즈니스와 만나면 어떤 이야기들이 오갈지 궁금했습니다. 각 분야를 대표하는 토론 참가자들이 물질적 번영과 인간다운 행복을 모두 보장하는 경제 시스템을 구상해낼 수 있을까? 그렇게 시작된 토론에서 참가자들은 경제 시스템과 경제 활동의 본질을 통찰하고 경제적 인간, 즉 '호모 이코노미쿠스homo economicus'를 위한 매우 친사회적인 새로운 모델을 제안하였습니다.

보살핌의 경제를 향하여

타라 툴쿠 린포체Tara Tulku Rinpoche는 말합니다.

"우리는 다음과 같은 전제에서 시작한다. '우리가 행복을 추구하는 한, 행복이라는 목표로 이끌어주는 자원이 가장 가치 있다.'"[3]

많은 사람들이 돈과 행복은 떼려야 뗄 수 없는 관계이며, 돈이 많고 적음에 따라 행복도 그에 비례한다고 믿습니다. 돈이 많고 가진 게 많을수록 더 행복하고, 반대로 돈이나 가진 게 적으면 행복도 줄어든다고 생각합니다. 어느 정도는 맞는 이야기입니다. 어떤 사람이 지독한 가난에서 벗어나 조금이라도 금전적 여유가 생기면, 기본적인 욕구를 충족하기도 어려운 이들에 비해 행복 지수가 훨씬 높아집니다. 한동안은 소득이 늘어날수록 거기에서 느끼는 행복도 커집니다.[4]

하지만 증가 속도가 점점 느려지다 어느 지점에 이르면 행복 지수는 더이상 올라가지 않습니다. 예를 들어, 1960년대 이후 전 세계적으로 소득이 급격히 늘었지만 행복 수준은 제자리걸음입니다. 한 가지 이유는 사회적 비교 때문입니다. 사람들은 자신의 성공 여부를 판단할 때 친구나 동료와 소득을 비교하는 경향이 있습니다. 따라서 한 집단 전체의 소득이 증가한다고 해서 반드시 집단 전체의 행복도 증가하는 것은 아닙니다.[5] 이 부분은 불교에서 강조하는 다음과 같은 근본 진리로 설명할 수 있습니다.

'재산이나 은행 잔고, 사회적 지위 같은 외적 조건에 기초한 행복은

어디까지나 한시적이고 기만적이다.'

처음으로 새 차를 구입했을 때나 월급이 올랐을 때를 생각해보면 이해가 빠를 것입니다. 기분이 어땠습니까? 처음에 느꼈던 흥분과 만족감이 몇 주 혹은 몇 달이 지나도록 그대로 남아 있던가요? 그렇지 않았을 겁니다. 안타깝게도 대부분의 사람들은 이 같은 사실에서 깨달음을 얻어 더 깊고 지속력 있는 행복의 원천을 추구하는 것이 아니라 열망했다 불평하기를 반복합니다. 결국 더 많은 돈은 더 큰 행복을 안겨주기보다 더 많은 돈, 더 좋은 차, 더 높은 임금에 대한 기대를 낳습니다. 이 같은 악순환은 탐욕과 집착을 낳고, 때로는 이기적인 욕구를 채우기 위해 타인에게 피해를 주는 것도 개의치 않게 만듭니다.

미래 자본으로서 이타주의

심리학자인 팀 캐서Tim Kasser의 연구에 따르면, 물질주의 가치관을 가진 사람들은 대체로 내면적 가치를 더 중시하는 사람들에 비해 덜 행복하고 공감 능력 또한 떨어집니다. 친구가 별로 없고 건강도 더 나쁘다고 합니다.[6] 그럼에도 오래전부터 경제학 이론에서는 "사람은 근본적으로 이기적이기 때문에 자본주의 경제가 작동하려면 사람들이 각자의 욕구를 충족시킬 수 있는 기회를 제공해야 한다"고 주장해왔습니다.

애덤 스미스는 『국부론』에서 이렇게 말합니다.

"우리가 저녁 식사를 기대할 수 있는 것은 푸줏간 주인이나 양조장 주인 또는 빵집 주인이 자비로워서가 아니라 그들이 자기 이익을 챙기려고 한 덕분이다. 우리는 그들의 인간애가 아닌 자기애에 주목해야 하며, 그들에게 말할 때 우리의 필요보다 그들이 거둘 이익을 이야기 해야 한다."[7]

신고전주의 경제 시스템의 선구자 중 한 명인 프랜시스 에지워스 Francis Edgeworth는 이렇게 말하기도 합니다.

"경제학의 첫 번째 원칙은 모든 경제 주체가 이기적인 판단에 따라 행동한다는 것이다."[8]

다행히 이게 전부는 아닙니다. 최근 연구에 따르면, 우리는 누구나 자비와 협력, 이타주의를 실천할 수 있는 위대한 역량과 어쩌면 그러한 생물학적 성향까지도 갖고 있습니다.[9] 더욱이 이런 내적 자원은 돈과는 달리 사랑처럼 '무한하게' 발휘할 수 있는 것입니다.[10]

이타주의를 실천하고 장려하려면 먼저 이타적인 행동이 무엇이며, 인류 번영과 어떤 관련이 있는지 분명하게 이해할 필요가 있습니다. 콘퍼런스 참가자들이 인정하듯 쉬운 작업은 아닙니다. 불교와 같은 명상 전통과 심리학에서는 타인을 이롭게 하고자 행동하는 동기를 이타주의라고 합니다. 이 경우 자비로운 행동을 함으로써 당사자도 긍정적인 혜택을 볼 수 있습니다. 이처럼 이익을 얻었더라도 본래 목적이 자신이 아닌 다른 사람을 돕는 것이었다면 그 동기는 이타주의입니다.

반면에 경제학자들은 동기보다 주로 눈으로 확인할 수 있는 태도나 행동에 관심을 갖습니다. 어떤 사람이 자선단체에 기부를 할 때 그 이유가 착한 사람이 된 것 같은 기분이 들기 때문이라고 생각해봅시다. 이 사람이 한 일은 (금전적 이익을 취하려는) 하나의 이기적인 행위를 (감정적 이익을 취하려는) 또다른 이기적인 행위로 대체한 것에 불과합니다. 그러나 행동경제학자나 진화론자들의 기준으로 보면 이런 행동도 엄연히 이타주의입니다. 자기만족 때문에 한 일이지만 경제적 비용을 들여 타인에게 혜택을 주었으니까요.

애덤 스미스가 말한 빵집 주인이 이타적이라고 가정해봅시다. 빵집 주인이 배가 고픈데 돈이 없는 당신을 보고 있습니다. 당신이 고통을 덜고 행복해지기를 바라며 당신에게 빵을 건네줍니다. 이 행동으로 빵집 주인은 어느 정도 소득의 기회를 잃었지만 얻은 것도 있습니다. 당신이 빵을 받아 든 모습을 보는 순간 그의 뇌에 있는 보상 센터가 활성화되어 기쁨을 느끼는 것입니다.[11] 그뿐 아니라 그가 느껴야 했던 고통의 원인, 즉 누군가의 고통을 지켜봐야 하는 괴로운 경험에서 벗어났으니 그 또한 이익입니다.[12] 만약 빵집 주인이 아무런 대가를 바라지 않고 빵을 내줬다면 그 행동을 하여 기쁨을 느꼈다 하더라도 그 동기는 이타적입니다. 반면에 착한 사람이 된 것 같은 기분을 느끼고 싶거나 죄책감을 덜고 싶어서, 혹은 인색하다는 비난을 피하기 위해 빵을 내줬다면 그 동기는 다분히 이기적입니다. 하지만 두 경우 모두 허기진 이가 주린 배를 채운 것은 분명합니다.

타인이 고통을 겪는 모습과 맞닥뜨렸을 때, 어떤 사람들은 단순히 그 자리를 벗어남으로써 불편한 상황을 피하려고 합니다. 또 어떤 사람들은 타인을 도왔을 때 얻을 수 있는 금전적 이익과 돕지 않았을 때 받게 될 불이익을 따져볼지도 모릅니다.[13] 그리고 남은 대부분의 사람들은 '나 말고' 다른 누군가가 도와주겠지 하고 기대하며 그 상황을 외면합니다. 그러고 보면 우리는 타인의 고통을 덜어주기보다 자신의 고통을 피하는 데 훨씬 능숙합니다. 타인의 고통을 덜어줄 때 큰 이득이 생긴다고 해도 말입니다.

그렇다면 직접적으로 꾸준하게 타인의 행복에 기여하는 시스템을 만들려면 어떻게 해야 할까요? 우리는 모두 사회에 속해 있으며, 사회는 우리의 성공과 실패를 좌우하고, 우리의 견해와 판단에도 막대한 영향을 미칩니다.

2008년 세계 경제가 무너졌을 때, 이기적인 사람들뿐만 아니라 평소에 남을 잘 돕던 사람들도 돈을 잃고 큰 고통을 겪었습니다. 물론 가장 가난한 사람들이 가장 큰 고통을 겪었습니다.[14]

우리는 이제 더이상 스스로를 외떨어진 독자적 존재로 생각할 수 없는 상황입니다. 오래전부터 불교에 전해오는 진리가 말해주듯 우리의 행복은 상호의존적이며 이런 경향은 갈수록 심화될 것입니다. 전 세계 여러 문화와 시장, 사람들을 상대로 상품과 아이디어를 거래하는 일이 계속 증가하고 있기 때문입니다.

달라이 라마는 이와 관련해 다음과 같이 말했습니다.

"우리는 '그들'이라는 표현을 쓰지 않아야 합니다. '우리'로 충분합니다. 온 세상이 우리의 일부니까요. (…) 경제적으로도 모든 면에서 우리는 (우리가 지금껏 '그들'이라 불렀던) 다른 사람을 필요로 합니다. 나는 행복하길 원하고, 그 행복을 이루려면 당신이 있어야 합니다."[15]

세계는 금융 시스템의 패러다임을 완전히 새로 설정해야 하는 상황입니다. 경제적 이익에 따른 내면적·사회적·환경적 비용을 고려해야 하며, 그 반대 경우도 따져봐야 합니다. 명상에 관한 연구를 통해 정신 훈련을 받으면 우리의 뇌신경 경로가 바뀔 수 있다고 증명된 것처럼,[16] 우리는 현재의 경제 시스템을 초월하여 좀더 총체적으로 아우르고 서로를 보살피는 경제 모델을 새로 만들 수 있을 것입니다.

그렇다고 당장 우리가 가진 모든 것을 내줘야 한다는 얘기는 아닙니다. 일단 나누는 법부터 이해해야 합니다. 가급적 효과적으로 나누도록 하는 동기와 여건, 방식을 알아야 합니다. 결코 간단하지 않을 것입니다. 다행히 이 책에 실린 연구 사례들에서 큰 희망을 얻을 수 있습니다. 이타주의는 배우고 길러낼 수 있으며, 그에 따른 보상 또한 큰 의미가 있다고 이야기합니다.

우리는 경제 정책과 경제 활동을 선순환으로 전환할 수 있다고 믿습니다. 그렇게 되면 환경 보호와 물질적 번영, 의미 있고 만족스러운 개개인의 삶과 같은 장·단기적 열망이 모두 충족될 것입니다.

경제 시스템 안에서 작동하는 이타심의 실체

이 책은 '경제 시스템 안에서의 이타주의와 자비'를 주제로 한 마인드&라이프 콘퍼런스에서 발표된 여러 연구와 토론 내용을 엮은 것입니다. 현장에서 녹음한 내용의 순서를 바꾸고 의미를 더욱 분명히 하기 위해 일부 수정한 부분이 있지만 당시 토론을 충실하게 담았습니다.

책은 크게 세 부분으로 나뉩니다. 먼저 1부(1~5장)에서는 이타주의를 과학적 관점으로 증명합니다. 이어 2부(6~10장)에서는 이타주의에 관한 불교적 관점과 경제적 관점을 다루고, 3부(11~14장)에서 이타주의를 실행에 옮긴 사례를 살펴봅니다. 15장은 결론으로 이타주의에 관한 여러 관점을 종합하고, 다가올 미래 사회를 위한 가이드라인을 제시합니다.

각 장은 콘퍼런스에서 각 분야 전문가들이 발표한 내용을 기초로 하고 있습니다. 각 장의 순서는 전체적으로 콘퍼런스 당시 발표 순서와 같습니다. 다만 2장은 타니아 싱어가 두 번에 걸쳐 발표한 내용을 하나로 합쳐 정리한 것입니다. 각 발표자는 먼저 자신이 진행한 연구나 사업을 설명한 다음 패널들과 함께 토론을 했습니다. 많은 콘퍼런스가 그러하듯 발표 시간이 길어질 경우에는 다른 발표 때보다 토론 시간을 조금 연장했습니다.

달라이 라마와 오랫동안 그의 영어 통역을 맡아온 툽텐 진파Thupten Jinpa는 모든 토론에 참여했습니다. 달라이 라마는 과학적이고 철학적인 다소 난해한 토론 내용도 영어로 이해하고 의견을 표현하는 데 전혀 무리가 없지만 이따금 티베트어를 사용합니다. 그러한 경우 툽텐 진파가 영어로 통역했습니다. 이 책에서는 그가 통역한 부분을 별도로 표시하지 않고 모두 달라이 라마가 직접 한 말로 처리했습니다. 물론 툽텐 진파가 자신의 의견을 밝힌 부분은 진파의 발언으로 표시했습니다.

1장에서 대니얼(댄) 뱃슨Daniel(Dan) Batson은 인간의 이기심 외에 다른 요인으로 동기부여가 되는지 의문을 갖고 이기주의와 이타주의 논쟁을 살펴봅니다. 2장에서는 타니아 싱어가 공감, 자비, 그 밖에 다른 동기부여 시스템에 관한 뇌과학 연구를 소개하고, 이런 강렬한 감정을 어느 정도까지 스스로 조절할 수 있는지 살펴봅니다. 3장에서는 리처드 데이비슨Richard Davidson이 어린이와 숙련된 자비 명상 수련자, 그리고 자비 명상 교육을 받은 초보 수련자를 대상으로 사회친화적 태도에 어떤 차이가 있는지 연구한 결과를 소개합니다. 4장에서 조앤 실크Joan Silk는 영장류가 이타적으로 행동하는 사례를 제시하고, 실상 그 동기가 완전히 이타적이라고는 볼 수 없는 이유를 설명합니다. 5장에서는 마티외 리카르가 이타심에 관한 불교의 기본적 인식을 설명하고, 환자를 돌보는 일과 같이 세속적인 사회에서 이타심을 발휘하는 경우를 살펴보며 마무리합니다.

6장에서 에른스트 페르는 사회적 딜레마 실험을 소개합니다. 이 실험에서는 타인의 이타심에 대한 신뢰 정도와 실제로 발휘되는 이타심을 관찰하고, 이타적 징벌 개념을 설명합니다. 7장에서 존 던John Dunne은 불교 관점에서 행복의 근원은 내적 자원에 있으며, 내적 자원은 무한히 개발될 수 있다고 주장합니다. 8장에서 리처드 레이어드Richard Layard는 경제적 성장이 반드시 행복 증진으로 이어지는가에 의문을 제기합니다. 9장에서 윌리엄(빌) 하버William(Bill) Harbaugh는 자선 기부에 따른 경제적 비용과 심리적 혜택을 조사한 연구들을 검토하고, 자선 기부를 장려하는 대안적 동기요인으로 '온정적 이타주의warm-glow altruism'를 제안합니다. 10장에서 에른스트 페르는 한 걸음 뒤로 물러서서 왜 이타주의가 중요한지, 이타주의로 어떻게 사회문제를 해결할 수 있는지 질문을 던집니다. 그는 여기에 이타주의가 공공재를 창출하고 공평한 사회를 만드는 데 기여한다는 점을 연결 지어 생각하도록 이끌어줍니다.

11장에서는 앙투아네트 훈지커-에브네터Antoinette Hunziker-Ebneter가 금전적 이익은 물론 사회와 환경적 측면에서도 이익을 거둘 수 있는 현명한 투자 방법을 소개합니다. 12장에서는 아서 베일로이언Arthur Vayloyan이 부유층과 빈곤층을 연결시켜 스스로 가난에서 벗어나도록 도와주는 선구적 소액금융microfinance 프로그램을 설명합니다. 13장에서는 산지트 벙커 로이Sanjit Bunker Roy가 엘리트주의적 지식 습득을 거부하고 농촌의 전통적인 지혜를 소중하게 여기는 대안 교육 시스템 '맨발의 대학Barefoot College'을 소개합니다. 14장에서 윌리엄(빌) 조지 William(Bill) George는 진정한 리더의 자질은 어떻게 계발되고 강화되는지, 우리는 그들에게 무엇을 기대할 수 있으며, 그들은 누구의 이익을 도모하는지 논의합니다.

15장에서는 조앤 할리팩스Joan Halifax가 다른 발표자들과 함께 앞서 진행된 토론 내용을 요약하여 정리하고, 성별과 지능이 이타주의에 미치는 영향을 포함해 그동안 제기되었던 많은 의문들을 짚어봅니다. 달라이 라마는 개선의 여지를 보여주는 희망적인 징후들이 많았다고 평가하며 궁극적으로 세속 윤리를 강화해야 한다고 강조합니다.

이 책에 담긴 각 장을 종합하면 자비와 공감, 행복을 키울 수 있는 시장과 지역사회, 그리고 인간의 잠재력에 대한 기존의 생각을 완전히 바꿔놓을 만한 놀라운 그림이 완성됩니다.

콘퍼런스 이후 새롭게 부상하고 있는 신경경제학neuroeconomics 분야에 많은 진전이 있었습니다. 리처드 데이비슨, 리처드 레이어드, 에른스트 페르, 윌리엄 조지, 벙커 로이, 조앤 할리팩스, 마티외 리카르, 타니아 싱어 등 이번 콘퍼런스에 참여한 발표자 상당수는 이미 세계경제포럼과 글로벌경제심포지엄 같은 국제 행사에 참여하고 있습니다. 리처드 레이어드는 전 지구적 차원에서의 행복 증진을 위한 프로젝트에 동참하고 있으며, 달라이 라마와 벙커 로이, 마티외 리카르는 히말라야 지역과 인도에서 태양광 전기와 빗물 집수, 건강 및 교육 사업을 전개하고 있습니다. 대니얼 뱃슨과 마티외 리카르는 이타주의에 관한 추가 연구와 저술 작업을 함께하기도 했습니다.

지금까지 나열한 것들은 이 놀라운 콘퍼런스에서 처음 만나거나 새롭게 자극받은 사람들이 행동으로 보여주고 있는 수많은 시도 중 극히 일부에 지나지 않습니다.

취리히에서 열린 이 획기적인 콘퍼런스에 참여한 것은 대단한 영광이며, 책으로 펴낼 수 있게 된 것을 더없이 기쁘게 생각합니다. 부디 이 책이 독자 여러분과 연구자, 그리고 사랑과 자비를 실천하는 모든 분들에게 영감을 불어 넣어 사회친화적 경제 시스템을 만드는 데 기여할 수 있기를 바랍니다.

_타니아 싱어, 마티외 리카르&디에고 핸가트너

1부

이기적 인간 VS 이타적 인간

1장 심리학적 관점에서 본 이기심과 이타심

사람은 누구나 자기중심적이고 이기적이다.
하지만 다른 사람의 행복을 보살피는 능력,
즉 이타심 또한 우리의 본성에 내재하고 있다.

- 실험사회심리학자, 대니얼(댄) 뱃슨

대니얼(댄) 뱃슨

Daniel(Dan) Batson

실험사회심리학자로 캔자스대학 명예교수이며 저서로 『인간의 이타주의Altruism in Humans』가 있다. 그의 연구는 이타적 동기가 실제로 존재하는지 여부와 종교의 영향으로 나타난 행동, 그리고 도덕적 정서의 본질에 초점을 맞추고 있다.

그는 이기주의와 이타주의 논쟁을 살펴보고, 인간은 언제나 이기적으로 행동한다는 서양의 통념에 의문을 제기한다. 이타심이 실제로 존재한다는 실험 결과와 함께, 공감에 따른 염려에서 이타심이 생겨난다는 실험 결과를 의문의 근거로 제시한다. 이어지는 토론에서는 그의 연구를 불교 사상과 비교하며, 어떻게 하면 사람들이 이타심을 기를 수 있을지, 어떤 조건에서 이타주의가 낯선 사람과 적대 관계에 있는 사람들에게까지 확대될 수 있을지 논의한다.

서구 사회에 만연한 이기주의 관점

인간의 삶에서 이타주의와 자비가 중요한 기능을 한다고 확신하는 이들에게는 서양의 심리학과 경제학 분야에서 이타심과 자비심의 존재 자체에 의구심을 제기하며 논쟁을 계속하고 있다는 사실이 놀랍기만 할 것입니다.

서양의 사고방식에서는 모든 인간의 행위는 아무리 숭고하고 사심이 없어 보여도 다분히 이기적이고 자기중심적인 동기에서 비롯된다고 확신합니다. 그래서 늘 "나한테 좋은 건 뭐지?"라고 묻습니다. 저는 실험사회심리학자로서 동료들과 함께 이 문제를 두고 과연 서양의 시각이 옳은지 확인하고자 노력해왔습니다.

먼저 인간 행동의 동기에 관한 이기주의 대 이타주의 논쟁으로 이야기를 시작해보려 합니다. 그에 앞서 이기주의와 이타주의의 의미를 살펴보겠습니다. 이기주의는 자신이 더 행복해지는 것이 궁극적 목적인 상태를 말합니다. 이와 반대로 이타주의의 궁극적 목적은 다른 사람이 더 행복해지는 데 있습니다.

여기서 '궁극적 목적'은 유일한 목적이라는 의미가 아니라 어떤 사람이 그 상황에서 진정으로 추구하는 목적을 의미합니다. 또다른 목표의 수단이 되는 도구적 목적과는 차이가 있습니다. 이 같은 구분이 중요한 이유는 이기주의와 이타주의 모두 남을 돕거나 남과 협력하도록 동기를 부여하고, 심지어 꽤 많은 비용이 발생하는 도움을 주도록 할 때도 있기 때문입니다.

그런데 이기주의 관점에서는 타인에게 베푸는 모든 친절의 목적이 궁극적으로 자기 자신이 더 행복해지는 데 있다고 봅니다. 예를 들어 자신이 착한 사람이라는 느낌을 받고 싶거나, 마음이 따뜻해지는 기분을 느끼고 싶어서, 아니면 죄책감을 덜고 싶어서 친절을 베푼다는 것이지요.

그렇다면 이제 '인간이 정말로 이타적일 수 있는가?' 하는 의문을 제기할 수 있습니다. 서양식 사고에서는 인간이 이기적이라고 보는 시각이 지배적입니다. 프랑스 귀족 출신 작가 로슈푸코 공작Duc de La Rochefoucauld은 이런 경향을 다음과 같이 표현했습니다.

"그 어떤 사심 없는 사랑이라 해도 자신을 더욱 사랑하게 하려고 이런저런 흥정을 한다는 점에서 그것 역시 결국은 일종의 거래다."[1]

단순히 물질적인 면에서의 이익과 징벌에 대해 이야기하는 것이 아닙니다. 사회적으로 또는 스스로에게 내리는 징벌을 피함으로써 이익을 얻을 수도 있습니다. 또한 다른 사람으로부터 칭찬을 듣거나 스스로 뿌듯해하는 사회적 혹은 개인적 보상을 얻을 수도 있습니다.

중요하게 살펴봐야 할 또 하나의 가능성은 타인의 고통을 지켜봐야 하는 데서 비롯되는 고통을 피하기 위해 남을 도울 수도 있다는 것입니다. 이런 경우에도 이기적인 동기가 작용합니다. 그 목적이 자신을 이롭게 하는 것이니까요. 이 점에 대해 네덜란드계 영국 철학자이자 경제학자인 버나드 맨더빌Bernard Mandeville은 다소 극단적인 말을 남겼습니다.

"천진무구한 아기가 불속으로 떨어지려 할 때 그 아기를 구한 일은 전혀 칭찬받을 일이 아니다. 잘했다 아니다 할 일이 아닌 것이, 아이가 어떤 혜택을 받든 상관없이 본능적으로 나오는 행동이기 때문이다. 아기가 떨어지는 모습을 보고도 막으려고 애쓰지 않았을 때 발생 가능한 심리적 고통을 막으려는 자기 보호 본능에서 움직인 것이다."[2]

이처럼 서구 사회에 만연해 있는 이기주의 관점은 과연 옳을까요? 이런 의구심에서 공감-이타주의 가설을 생각해보았습니다. 공감에 따른 염려로부터 이타적인 동기가 생긴다는 가설입니다.

제가 처음 제안한 가설은 아닙니다. 찰스 다윈도 이와 비슷한 주장을 한 적이 있습니다. 그 밖에도 역사적으로 많은 사람들이 이런 의견을 내놓았는데 서양 사상에서는 줄곧 비주류 관점에 속해 있었습니다. 가설에서 '공감에 따른 염려empathic concern'는 곤경에 처한 사람을 보고 생긴 타인 지향적인 감정, 즉 곤경에 처한 사람을 '위하는' 느낌입니다. (곤경에 빠진) 그 사람과 '똑같이' 느끼는 감정이 아닙니다.

공감에 따른 염려에는 상대에게 느끼는 연민과 자비, 친절이 포함되어 있습니다. 앞서 언급한 개인적 괴로움, 즉 아기가 불속에 떨어지려는 모습을 보고 느끼는 고통과 같은 자기 지향적인 감정과는 분명한 차이가 있습니다.

공감에 따른 염려가 생기면 도움을 주려는 성향이 강해진다는 연구 사례가 있습니다. 그러나 이 연구에서는 공감을 하면 어떤 동기가 발생한다는 것을 알 수 있을 뿐, 그 동기의 본질이 무엇인지는 알 수 없습니다. 그것은 이기적 동기일까요? 이타적 동기일까요?

우리가 다른 사람을 도우면 그 사람이 혜택을 보지만 우리 자신도 얻는 게 있습니다. 이기주의 관점으로 설명하면, 타인에게 돌아간 혜택은 궁극적으로 우리 자신을 이롭게 하기 위한 수단에 불과합니다. 예를 들어 이기주의 관점을 지지하는 사람이라면, 우리가 고통을 겪고 있는 사람을 보고 공감하여 염려하는 마음이 생길 때 우리 역시 괴롭기 때문에 자신의 괴로움을 줄이기 위해 동기가 생긴다고 주장할 수 있습니다. 아무리 공감에 따른 염려에서 동기부여가 됐더라도, 결국 그 목적이 우리 자신을 이롭게 하는 것이라는 점에서 자신의 고통을 처리할 때와 동일하다는 주장입니다. 이것이 이기주의 관점에 따른 설명입니다.

공감-이타주의 실험 : 돕거나 떠나거나

이타주의 관점에서는 타인을 이롭게 하는 것이 우리의 궁극적인 목적이라고 봅니다. 우리가 타인의 행복에 관심을 둔다는 뜻입니다. 물론 우리 자신도 그로 인해 혜택을 봅니다. 스스로 뿌듯함을 느끼고, 상대방의 기분이 나아진 모습에 행복해하며, 미안함을 덜 수도 있습니다. 하지만 이 모든 것은 의도하지 않은 결과입니다. 결과가 그러할 뿐 그러기를 바라고 행동한 것이 아니라는 뜻입니다. 상대를 도우려 했지 우리 자신을 도우려 한 것이 아닙니다. 이 연구에서 우리가 풀어야 할 문제는 주어진 상황에서 그 사람의 행동이 어떤 목적을 갖고 있는지 알아맞히는 것입니다. 상대를 위한 행동이지만 그것은 도구적 목적에 불과한 것일까요? 아니면 그 도움 자체가 궁극적인 목적일까요?

이 문제를 풀기 위해 동료들과 실시한 실험을 소개하겠습니다. 공감에 따른 염려에서 생겨난 동기가 자기 자신이 느끼는 불편함을 해소하기 위한 것인지 아닌지 확인하는 실험입니다.

이 실험에 참여한 여학생들은 개별적으로 일레인이라는 학생이 암기 과제를 수행하는 모습을 관찰합니다. 관찰하는 학생들은 일레인과 모르는 사이입니다. 일레인은 일련의 숫자들을 듣고 기억해 연구 조교에게 다시 말하는 과제를 수행하게 됩니다.

일레인이 숫자를 기억하려고 애쓸 때마다 임의로 전기 자극이 가해졌습니다. 표면상으로는 암기 과제를 수행할 때 혐오스런 자극이 미치는 영향을 실험하는 것처럼 보였습니다. (일레인이 실제로 전기 자극을 받지는 않았습니다. 학생들은 CCTV를 통해 일레인을 관찰했는데, 사실 실험을 위해 미리 제작한 비디오 화면을 본 것입니다.) 암기 과제를 절반쯤 진행했을 때 조교가 실험을 중단시켰습니다. 일레인이 전기 자극을 몹시 힘들어했기 때문입니다. 일레인은 어릴 적에 말을 타다 전기가 흐르는 울타리에 떨어져 트라우마가 생겼는데, 그 때문에 전기 자극이 더 고통스러운 것 같다고 말했습니다. 그러나 일레인은 괴로운 표정이 역력한데도 실험을 계속하겠다고 말합니다.

바로 그 순간, 이 모습을 관찰하고 있던 학생들에게 혹시 암기 과제를 수행하면서 전기 자극을 받는 이 실험에 일레인 대신 참여할 사람이 있는지 묻습니다. 절반의 학생들에게는 일레인을 대신할 뜻이 없다면 일레인이 남은 과제를 마저 수행하는 모습을 계속해서 지켜봐야 한다고 말했습니다. 우리는 이 경우를 '벗어나기 어려운 조건difficult escape'이라고 부릅니다. 나머지 절반의 학생들에게는 일레인을 대신할 생각이 없으면 집에 가도 좋다고 말했습니다. 일레인은 실험을 계속하겠지만 학생들은 그 모습을 더이상 지켜보지 않아도 되는 겁니다. 이 경우를 우리는 '벗어나기 쉬운 조건easy escape'이라고 부릅니다.

이 실험의 배경이 된 가설은 이렇습니다. 만약 참가자들에게 동기를 부여하는 것이 공감에 따른 염려를 덜고자 하는 이기적인 생각이라면, 그 상황을 벗어나기 어려운 조건에서는 일레인을 도와야 한다고 느낄 것입니다. 자신을 고통스럽게 하는 요인을 없애려면 그 방법뿐이니까요. 반면에 그 상황을 쉽게 벗어날 수 있다면 일레인을 도우려 할 가능성이 적을 것입니다. 하지만 공감에 따른 염려로 인해 일레인의 고통을 덜어주려는 이타적인 동기가 생긴다면, 참가자들은 어떤 조건에서도 일레인을 도우려고 할 것입니다. 탈출이 쉽건 어렵건 간에요.

이처럼 상충하는 가정을 확인하기 위해 우리는 실험에 또 하나의 장치를 추가했습니다. 우리는 일레인이 전기 자극에 괴로워하는 반응을 지켜보는 상황이 실험 참가자들에게 두 가지 복합적인 감정을 일으킬 것이라고 예상했습니다. 불편함과 거북함 같은 자기 지향적인 괴로움과 함께 일레인에 대한 측은함과 안타까움 같은 타인 지향적인 감정, 즉 공감에 따른 염려도 경험하겠지요.

우리는 '벗어나기 어려운 조건'과 '벗어나기 쉬운 조건'을 부여한 참가자들을 다시 둘로 나눠 그 절반에게 그들이 느끼는 측은하고 안타까워하는 감정을 다른 실험을 위해 복용한 약(실제로는 옥수수 전분으로 만든 가짜 약) 탓으로 돌리도록 유도했습니다. 그 결과 대다수가 일레인을 관찰하며 자기 지향적인 괴로움을 느꼈다고 말했습니다. 나머지 절반의 참가자들에게는 반대로 불편함과 거북함이 약 때문인 것으로 인식하도록 유도했습니다. 그러자 학생들은 공감에 따른 염려를 주로 느꼈다고 보고했습니다. (이 실험은 1981년에 대니얼 뱃슨이 동료들과 함께 발표한 것으로, 실험 참가자가 여러 복합적인 감정을 느낄 때 인위적으로 특정한 감정을 배제하거나 부각시키도록 유도한 방법론으로 유명하다. 일레인을 관찰하기에 앞서 또다른 실험 때문이라고 가장해 참가자들에게 가짜 알약을 복용하게 한 뒤, 절반에게는 약의 영향으로 측은해하거나 감수성이 예민해질 수 있다고 알려주고, 나머지 절반에게는 불쾌감이나 거북함이 느껴질 수 있다고 말했다. 어려움에 처한 타인을 지켜볼 때 사람들은 타인 지향적인 감정과 자기 지향적인 감정을 모두 느낀다는 가정하에 어느 한 감정을 배제함으로써 다른 감정이 부각되도록 유도한 것이다. 이후 일레인이 괴로워하는 모습을 관찰했을 때 복합적인 감정을 느꼈을 텐데도 한 집단은 타인에 대한 연민을 약 탓으로 인식하여 개인적인 괴로움을 호소하고, 나머지 집단은 반대로 타인에 대한 연민을 느꼈다고 보고했다.—옮긴이주)

결과적으로 개인적인 괴로움이 크다고 호소한 참가자들은 벗어나기 어려운 조건일 때보다 벗어나기 쉬운 조건일 때 일레인을 도우려 하는 경향이 훨씬 약하게 나타났습니다. 남을 도우려는 동기가 이기심에서 비롯된다고 가정할 때 예상했던 결과입니다.

공감에 따른 염려를 느낀 참가자들은 어떻게 됐을까요? 그들의 경우 벗어나기가 쉽든 어렵든 조건에 상관없이 일레인을 도우려는 비율이 높았습니다(그림 1.1). 이 같은 패턴은 공감-이타주의 가설과 일치합니다. 다른 사람을 더 행복하게 하는 것이 궁극적인 목적이라면 그 자리를 벗어나는 것으로는 목적을 이룰 수 없습니다. 다른 사람을 더 행복하게 할 수 있는 유일한 방법은 그 사람의 고통을 대신해주는 것이지요.

하지만 이기주의에 근거해서도 이 같은 결과를 설명할 방법이 있습니다. 예를 들어, 실험 참가자가 죄책감을 덜고자 하는 동기부여가 됐을 때에도 똑같은 패턴이 나타날 수 있습니다. 그러나 다른 여러 실험 결과를 종합해보면, 공감에 따른 염려에서 동기부여가 된 경우 궁극적인 목적은 죄책감을 덜기 위함이 아닙니다.

이기주의에 근거한 다양한 가설을 검증하기 위해 지금까지 35가지 이상의 실험을 진행해봤지만, 그 타당성을 입증할 수 있는 실험 결과는 하나도 없었습니다.

실험 결과는 일관되게 공감-이타주의 가설을 지지했습니다. 그래서 우리는 인간에게 동기를 부여하는 요인이 사리사욕이나 이기주의로만 국한되지 않는다고 잠정 결론을 내렸습니다. 공감에 따른 염려는 확실히 이타적인 동기를 부여하며, 이러한 동기부여는 엄청난 힘을 발휘합니다. 그래서 저는 경제 시스템 안에서도 인간의 행동을 제대로 이해하기 위해서는 공감이 불러일으키는 이타주의를 반드시 고려해야 한다고 생각합니다.

어떻게 하면 공감에 따른 이타적인 동기부여를 경험할 수 있을까요? 두 가지 조건이 열쇠입니다. 다른 사람의 행복을 중요하게 여기는 것, 그리고 다른 사람이 곤경에 처했을 때 알아차리는 것입니다.

먼저 자신의 행복만큼이나 다른 사람의 행복을 중요하게 여길 줄

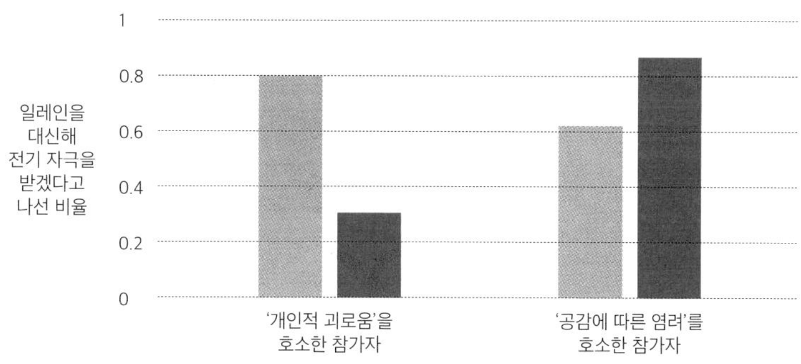

그림 1.1 공감-이타주의 실험

일레인에게 '공감에 따른 염려' 감정을 느끼도록 유도된 실험 참가자들은 '개인적 괴로움'을 느끼도록 유도된 실험 참가자들과 확연히 다른 행동을 보였다. 주로 개인적 괴로움을 느낀 사람들은 벗어나기 쉬운 조건일 때는 일레인을 도우려는 경향이 덜함으로써 자기 지향적이고 이기적인 동기부여가 됐음을 시사했다. 반면 공감에 따른 염려를 주로 호소한 참가자들은 벗어나기 쉬운 조건에서도 일레인을 도우려는 태도가 조금도 줄지 않아 타인 지향적인 이타적 동기부여가 됐음을 알 수 있었다.

알아야 합니다. 다른 사람의 행복에 가치를 두지 않으면 누군가 곤경에 처했다는 사실을 알아차리더라도 공감에 따른 염려로 이어지지 못할 테니까요. 그러나 다른 사람의 행복을 중요하게 생각한다면 다른 사람이 어려운 처지에 있는 것을 보았을 때 공감에 따른 염려가 생깁니다. 그러면 이타적인 동기가 부여됩니다. 적어도 이번 실험 결과를 보면 그렇습니다.

이기적 동기와 이타적 동기

달라이 라마와의 대화

툽텐 진파 불교 수행에서도 자비심을 기르는 과정을 비슷한 방식으로 이해합니다. 우리가 자비심을 경험하기 위해 반드시 갖춰야 할 요소 중 하나가 어떤 형태로든 타인의 가치를 인정하고 그렇게 함으로써 타인과 유대감을 형성하는 것입니다. 그러면 타인이 고통받는 모습을 보았을 때 그 유대감이 기반이 되어 견딜 수 없는 감정이 일어납니다. 이 모든 과정을 통해 자비심에 이르게 되는 것입니다.

달라이 라마 불교에서는 보통 모든 '감각이 있는 존재'를 가리켜 '어머니 중생mother sentient beings'이라는 표현을 씁니다. 다른 이들이 자신의 어머니처럼 소중하다는 뜻이지요. 이렇듯 타인을 소중한 존재로 인식하려고 노력합니다.

대니얼 뱃슨 타인의 행복을 가치 있게 생각하는 것과 관련이 있는 것이죠. 이제 우리는 곤경에 처한 타인을 인식하면서 공감에 따른 염려로 나아가야 합니다.

툽텐 진파 불교에서는 소중하고 관심 가질 만한 존재로 타인을 인식하는 법을 가장 먼저 배웁니다. 그런 다음 타인의 요구를 알아차리는 능력이 더해지면 돕고자 하는 동기가 부여되고 실제 이타적인 태도나 행동으로 이어집니다.

대니얼 뱃슨 저는 이타주의가 동기로 작용하여 행동으로 이어진다고 봅니다만, 전체적인 흐름은 제 생각과 상당히 비슷한 것 같습니다.

조앤 할리팩스 공감-이타주의 가설은 가족이나 이웃처럼 자신의 내집단in-group에 속한 사람들에게만 적용되나요, 아니면 외집단out-group에 속한 사람이나 낙인찍힌 사람, 혹은 전쟁을 벌이고 있는 적대국의 국민에게도 적용될 수 있을까요?

대니얼 뱃슨 그 주제에 관해서도 연구가 진행되어왔습니다. 사람들은 확실히 자신과 가깝고 애틋한 사람들의 행복을 중요하게 생각하고, 공감에 따른 염려도 더 크게 느끼는 경향이 있습니다. 하지만 공감에 따른 염려는 내집단 밖으로도 확대될 수 있고, 특히 타인의 고통에 대해 생각하고 집중할 수 있을 때 나타나는 것으로 보입니다.

보통 '조망 수용perspective taking'이라는 태도를 통해 다른 사람의 감정과 그 사람이 처한 상황을 이해하려 노력할 때 그런 결과가 나옵니다. 불교의 명상 전통에서는 타인을 자동적으로 자신의 어머니나 자신의 아이처럼 여길 수 있도록 더 많이 생각하려 노력하고, 동시에 생각하는 훈련을 하는 것으로 알고 있습니다. 어쨌든 일단 다른 사람의 관점을 수용하면 공감에 따른 염려가 생기는 것 같습니다.

실험 결과 외집단은 물론 낙인찍힌 사람들과 노숙인들에 대해서도 공감에 따른 염려가 생길 수 있다는 것을 확인했습니다. 상대에게 반감을 느끼지만 않는다면 누구에게나 공감에 따른 염려가 생길 수 있는 것 같습니다. 상대에게 반감을 느끼면, 그 순간부터 상대방의 행복에 가치를 두지 않기 때문입니다.

달라이 라마 저는 언제나 우리의 논의가 아주 단순하게는 불교 과학을 논하는 것이며, 어느 정도는 불교 개념으로 확장된다는 점을 분명히 밝혀둡니다. 이 둘은 보편적일 수 있지만 종교로서 불교는 대부분 불자들을 위한 것이기 때문입니다. 다만 불교 수행자적 관점에서 말씀을 드리면 사랑과 자비, 염려하는 마음이 집착에 따른 것인지 아닌지를 가려내는 일은 매우 중요합니다.

본질적으로 집착에서 비롯되는 자비심이나 이타적인 태도는 범위가 매우 한정적입니다. 또한 집착에 따른 애정이나 친절, 이타심은 변하기 쉽습니다. 오늘은 염려했다가도 내일은 피해를 입히고 고통을 주려 할 수 있습니다. 집착에 본래 그런 면이 있기 때문입니다. 따라서 이타주의를 실천하려면 먼저 집착을 버려 친구와 적의 구분을 없애야 합니다. 당신의 친구들은 감각이 있는 존재로서 행복하기를 원하고, 행복할 권리가 있습니다. 당신의 적에게도 똑같은 권리가 있습니다. 기본적으로 염려하는 마음은 이러한 사실을 이해하는 데서 출발해야 합니다. 이것이 불교 방식입니다.

대니얼 뱃슨은 앞서 인간이 기본적으로 이기적인 본성을 지녔다고 말했습니다. 여기서 이기적이라거나 자기중심적이라고 하는 것은 정확히 어떤 의미일까요? 이기주의는 넓은 의미에서 보면 그저 '나'를 의식하는 감정입니다. '내'가 우주 전체의 중심이다! 이런 감정은 우리 모두에게 언제나 있습니다. 불교 관점에서 보면 이런 이기심은 부처님에게도 있습니다. 부처님도 자연스럽게 '나'를 의식합니다. 하지만 '나'를 의식하는 데는 여러 차원이 있습니다. 이타주의를 수행하기 위해서는 자아에 대한 강한 인식이 필요합니다. 이러한 자아에 대한 감각은 의지력과 열의, 자신감의 기초가 됩니다. 하지만 또다른 차원에서 '나'에 대한 인식은 집착을 부르기도 합니다. 집착이 생기면 증오가 따라오기 마련입니다. 그래서 어떤 사람들이나 감각이 있는 생명들은 자신에게 소중하고 유용한 대상에게 집착하게 됩니다. 집착은 친밀감을 느끼게 하고, 그것은 이타심의 일종인 염려하는 감정을 일으킵니다. 하지만 이 염려는 집착에서 비롯되었기에 적대 관계에 있는 사람이나 아무런 감정이 없는 사람에게로는 옮겨가지 못합니다.

이런 이야기는 일반 대중보다는 불자들에게 더 적합할지 모릅니다. 하지만 다른 종교에도 이와 비슷한 가르침이 있습니다. 제가 이해하는 바로는 신의 존재를 믿는 여러 종교에서 창조주 개념은 그 목적이 모두 같습니다. 신을 향한 믿음을 키우고, 모든 존재를 신의 창조물로 인식하기 위함입니다. 당신이 전적으로 신에 순종한다면 모든 존재가 똑같은 신의 창조물이니 부정적인 이기심이 줄어들고, '친구'와 '적'을 구분할 필요가 없어집니다. 더 나아가면 자신의 적 또한 신의 창조물인 것입니다.

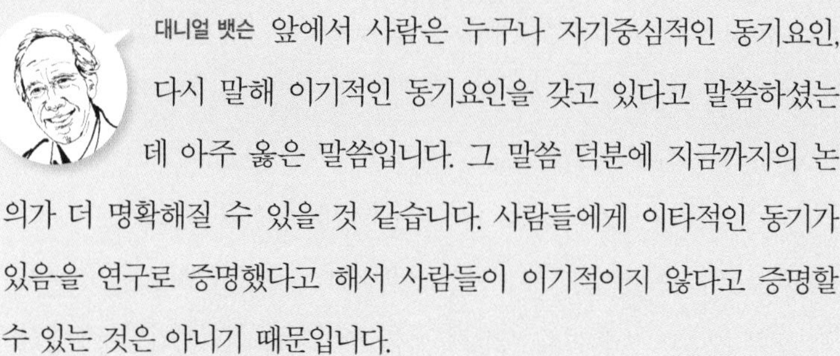

대니얼 뱃슨 앞에서 사람은 누구나 자기중심적인 동기요인, 다시 말해 이기적인 동기요인을 갖고 있다고 말씀하셨는데 아주 옳은 말씀입니다. 그 말씀 덕분에 지금까지의 논의가 더 명확해질 수 있을 것 같습니다. 사람들에게 이타적인 동기가 있음을 연구로 증명했다고 해서 사람들이 이기적이지 않다고 증명할 수 있는 것은 아니기 때문입니다.

우리는 확실히 이기적입니다. 대부분의 상황에서는 이타적인 동기와 이기적인 동기가 동시에 작동합니다. 하지만 이타적인 동기, 즉 다른 사람의 행복을 보살피는 능력이 우리의 본성에 내재하는 것 같다는 점 또한 인정할 필요가 있습니다.

툽텐 진파 예를 들면, 불교에서는 이타적인 정신 상태가 최고조에 이르렀을 때를 가리켜 '깨어 있는 마음awakening mind' 혹은 '보리심bodhicitta'이라고 합니다. 보리심은 주로 두 가지 열망으로 규정됩니다. 하나는 모든 존재를 이롭게 하는 완전한 깨달음을 추구하는 것으로, 타인 지향적이고 타인을 고려하는 열망입니다. 그런데 이 열망은 자기 스스로 깨닫고자 하는 또다른 열망과 함께합니다. 이렇듯 보리심에서도 이기심의 존재를 인정하고 있습니다.

2장 가슴이 아닌 뇌와 연결된 인간의 공감 체계

다른 사람에게 공감하려면 먼저
자신의 감정과 몸 상태를
정확하게 이해해야 한다.

- 뇌과학자, 타니아 싱어

타니아 싱어

Tania Singer

뇌과학자로, 2010년부터 독일 라이프치히에 있는 막스 플랑크 인지뇌과학 연구소the Max Planck Institute for Human Cognitive and Brain Sciences에서 사회뇌과학 분과를 맡고 있다. 인간의 사회 인지와 감정 조절 능력, 그리고 사회적 의사결정을 내릴 때 동기와 감정이 하는 역할 등을 신경과 호르몬 중심으로 실험하고 발달상의 근거를 연구한다. 또한 심리 훈련과 명상이 두뇌 가소성, 주관 및 행동의 변화에 미치는 영향을 탐구한다. 현재 마인드&라이프 이사회 일원으로 활동하고 있다.

타니아 싱어는 기본적인 감정, 동기부여 체계와 함께 공감과 자비 같은 사회적 감정의 기반이 되는 신경 경로를 설명한다. 인간의 두뇌가 어떻게 사람들로 하여금 다른 사람들과 감정을 공유할 수 있도록 하는지 보여주고, 신뢰와 같은 사회적 태도를 뒷받침하는 신경 경로를 확인시켜준다. 또한 토론을 통해 타고난 생물학적 기질을 명상으로 제어할 수 있는지 논의한다.

이유도 모르고 따라 하는 정서적 전염 현상

먼저 용어 하나를 설명하겠습니다. 사회적 감정과 사회적 행동에 대한 뇌과학 연구에서 나온 말로, '정서전이emotional contagion'라는 표현이 있습니다.

병원에서 한 아기가 울기 시작하면 나머지 아기들도 모두 따라 우는 것이 정서전이의 대표적인 예입니다. 이 현상만 보면 다른 누군가의 감정을 알아채 똑같이 느끼는 것 같지만, 정서전이에서는 그 감정이 다른 사람에게서 비롯됐다는 사실을 인식하지 못한다는 차이가 있습니다.

정서전이를 경험할 때는 자신과 남을 구분하기가 어렵습니다. 자기 자신과 엄마를 구분하지 못하는 아기들처럼 말입니다. 하지만 공감이 일어나려면 자신과 남을 구분해야 합니다. 바로 이 구분이 동물에게 공감 능력과 자비심이 있는지 아니면 그저 정서전이가 일어났을 뿐인지에 관한 논쟁의 핵심입니다.

원숭이들을 우리 안에 가둔 상황에서 한 마리가 위험을 알리는 소리를 내면 다른 원숭이들도 따라서 소리를 냅니다. 그렇다고 그것이 곧 원숭이들이 공감에 따른 염려나 자비심을 느낀다는 것을 의미하지는 않습니다. 단순히 정서적으로 전이되었을 가능성이 높습니다.

공감, 감정의 대리 경험

또 하나 살펴볼 용어는 공감입니다. 공감은 다른 누군가의 감정을 대리 경험하는 것입니다.

'당신이 고통스러우니까 나도 고통스럽다. 나는 당신과 비슷한 감정을 공유하고 있다. 하지만 이때 나는 그 고통이 내 것이 아니며 당신의 고통을 대리 경험하고 있다는 사실을 안다.'

바로 이 부분, 자신과 타자를 분명히 구분하는 점이 정서전이와 다릅니다. 이런 정도의 감정 공유나 감정이입이 반드시 사회친화적 동기나 행동으로 연결되는 것은 아닙니다. 다른 사람의 행복을 염려하고 배려하는 마음이 있어야만 사회친화적 동기부여가 되고 사회친화적 행동, 다시 말해 다른 사람에게 이로운 행동으로 이어집니다. 공감이 사회친화적 동기를 부여하고 사회친화적 행동을 유도할 수 있지만 늘 그런 것은 아니라는 말입니다. 예를 들어 당신의 고통이 너무 강렬하게 전달되어 내가 괴로움을 느낀다면 나는 당장의 고통을 피할 생각에 당신을 멀리하거나, 나를 힘들게 만든 당신에게 화를 낼 수도 있습니다. 이렇게 되면 사회친화적 동기나 행동과는 정반대 결과를 낳는 것입니다.

이번에는 공감과 자비의 차이를 살펴보겠습니다. 자비란 타인을 위해 진정으로 염려하는 마음을 가리킵니다. 대니얼 뱃슨은 자비를 '공감에 따른 염려'라고 하고, 또 누군가는 '연민'이라고도 부릅니다. 내가 아닌 다른 사람이 고통을 겪고 있는 모습을 접했을 때, 반드시 똑같은 감정을 느끼지는 않더라도 측은하고 애틋한 마음이 들 수 있습니다. 따라서 공감할 때처럼 다른 사람과 '똑같이' 느끼는 것이 아니라 그 사람을 '위하는' 감정이 생겨서 그들의 고통을 덜어주기 위해 동기부여가 되는 것입니다. 불교에서 말하는 자비 개념과 아주 비슷하다고 생각합니다.

이렇듯 공감과 자비를 구분하는 것은 매우 중요합니다. 공감만으로는 사회친화적 동기를 부여하고 행동으로까지 이끌어내기는 부족하기 때문입니다. 반드시 자비나 공감에 따른 염려로 바뀌어야 합니다.

사이코패스와 공감 능력

사회뇌과학에서는 우리가 타인의 감정과 생각을 이해할 수 있게 해주는 각각의 신경 경로의 차이까지도 구분합니다. 공감과 자비는 모두 정서 관련 신경 경로에 의지해 타인을 이해합니다. 다른 사람의 생각과 신념을 좀더 인지적 측면에서 이해하도록 돕는 두뇌회로 시스템은 따로 있습니다. 이처럼 다른 사람의 생각을 인지적으로 추론하는 능력을 가리켜 '인지적 조망 수용cognitive perspective taking' 혹은 '마음 이론Theory of Mind'이라고 합니다.

이해를 돕기 위해 예를 하나 들어보겠습니다. 사이코패스를 비롯해 특정 부류의 범죄자들은 인지적 추론에 아주 능한 반면 공감 능력은 상대적으로 매우 떨어집니다. 다른 사람이 원하는 바와 의도를 잘 알아차리기 때문에 사람들을 자기 마음대로 조종하는 법을 압니다. 하지만 다른 사람의 고통에 공감하여 적절히 반응하는 능력이 부족합니다.

결과적으로 사회친화적이기보다 반사회적 행동을 하게 됩니다. 이는 인지적 조망 수용과 공감이 정신병리학적으로 어떻게 다른지 보여주고, 각각의 인지 경로가 두뇌의 서로 다른 네트워크에 의존한다는 사실을 알려줍니다.

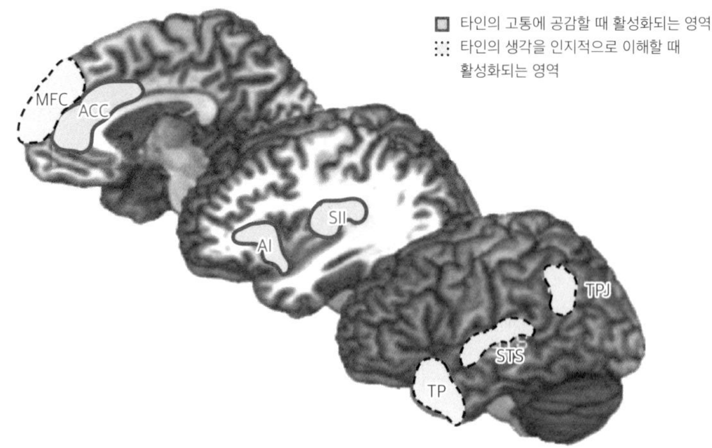

그림 2.1 뇌의 공감 반응

뇌에는 다른 사람의 생각과 감정을 이해하는 서로 다른 두 개의 경로가 있다. 이 그림에서 ACC, AI, SII는 타인의 고통에 공감할 때 반응하는 주요 부위다. 마음 이론이나 인지적 조망 수용과 관련 있는 주요 부위는 TPJ, STS, TP, MFC다. MFC=내측 전두엽medial prefrontal cortex, ACC=전대상피질anterior cingulate cortex, AI=앞뇌섬anterior insula, SII=이차몸감각겉질secondary somatosensory cortex, TP=측두극temporal poles, STS=상측두구superior temporal sulcus, TPJ=측두-두정 접합체temporo-parietal junction.

타인의 감정을 느끼는 신경 네트워크

이번에 보여드릴 것은 뇌과학에서 기능적 자기공명영상fMRI 같은 두뇌 이미지화 기술을 이용해 공감을 측정한 사례입니다. 커플 한 쌍이 fMRI 장치 안에 들어가 있습니다. 두 사람 손에 전극을 꽂고 간간이 통증 자극을 줍니다. 두 사람은 스크린에서 깜빡이는 화살표를 보고 현재 누가 통증 자극을 받고 있는지 알 수 있습니다. 이 같은 장치를 통해 직접적으로 통증을 느낄 때와 자신의 신체에는 아무런 자극이 없지만 파트너가 고통을 겪고 있다는 사실을 인지할 때 뇌에서 나타나는 반응을 측정합니다.

이 실험 결과를 보면, 보통 파트너가 고통을 겪고 있다고 인지하는 순간 자신이 직접 고통을 겪을 때 활성화되는 신경 네트워크가 똑같이 반응한다는 사실을 알 수 있습니다. 이 네트워크가 뇌에서 자리잡고 있는 부위를 우리는 '내부감각수용 피질interoceptive cortex'이라고 부르는데, 우리 몸에서 일어나는 모든 자극과 반응, 그리고 그 결과로 생긴 감정까지 기록합니다. 예를 들어 심장박동이나 호흡 패턴이 바뀔 때, 또는 무섭거나 화가 나서 동요할 때 뇌의 이 부위가 활성화됩니다. 이 부위는 통증과 혐오감을 비롯한 모든 감정과 관련이 있습니다. 내부감각수용 피질은 뇌도 혹은 섬 피질insular cortex이라고도 하는데, 자신이 느끼는 감정은 물론 다른 사람의 감정 상태를 처리하는 데도 중요합니다. 그림 2.2는 이 두 가지가 어떤 관련이 있는지를 보여줍니다.

당신이 만약 고통스러워하는 표정이 담긴 사진이나 손이 바늘에 찔리는 광경을 본다면 무의식중에 자신이 직접 고통을 겪을 때와 동일한 신경 네트워크가 활성화됩니다. 이러한 반응은 즉각적으로 아주 빠

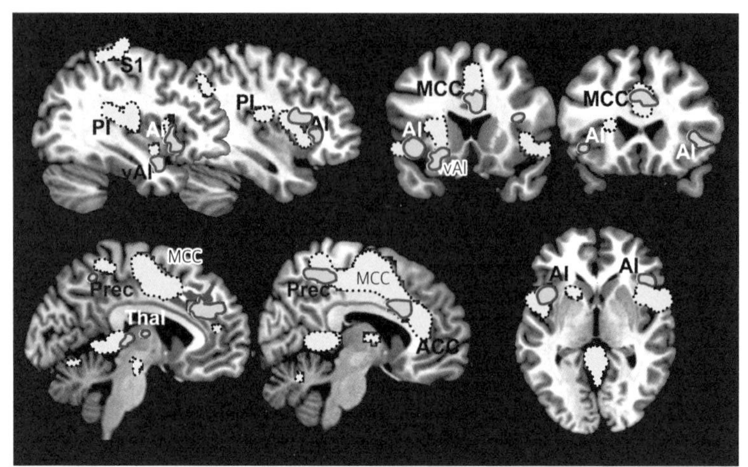

■ 자신이 직접 고통을 겪을 때와 다른 사람의 고통에 공감할 때 공통적으로 활성화되는 영역
⁚⁚ 자신이 직접 고통을 겪을 때에만 활성화되는 영역

그림 2.2 고통을 느끼는 뇌 부위

고통에 공감할 때 활성화되는 뇌 회로에 초점을 맞춘 여러 fMRI 연구를 메타 분석한 결과이다.[1] 검은색으로 표시된 영역은 피실험자가 통증 자극을 받을 때 활성화되는 부위이고, 흰색으로 표시된 영역은 다른 사람이 통증 자극을 받을 때 그것에 공감하여 활성화되는 부위다. 자신이 직접 고통을 받을 때와 다른 사람의 고통을 대리 경험할 때 공통적으로 활성화되는 영역이 있는데 앞뇌섬(AI), MCC/ACC(내측/전대상피질), Prec(쐐기앞소엽), Thal(시상)이다. PI(뒤쪽 뇌섬), S1(일차체감각피질), 그리고 MCC/ACC의 상당 부분은 자신이 직접 고통을 겪을 때에만 활성화된다.

르게 일어납니다. 우리 모두가 생각보다 훨씬 강하게 연결되어 있다는 뜻입니다. 의식조차 못하는 사이에 우리 뇌는 이미 다른 사람의 감정 상태를 나타내고 있으니까요.

다른 사람의 고통을 보고 쾌감을 느끼는 감정

문제는 이렇듯 정서적으로 공명을 일으키거나 다른 사람들과 상호 유대관계를 형성할 수 있도록 뇌가 활성화되는 데도 불구하고, 우리는 어째서 모든 사람들에게 항상 공감하지는 못하느냐 하는 것입니다.

도대체 어떤 조건이 공감 반응을 가로막고, 심지어 역으로 '샤덴프로이데Schadenfreude' 감정을 일으키게 하는 것일까요? 샤덴프로이데라는 단어 자체는 독일어라 낯설게 느껴질 수 있지만 이 말이 가리키는 감정은 누구에게나 익숙할 것입니다. 다른 사람의 고통을 보고 함께 아파하기보다 쾌감을 느끼는 감정을 말합니다.

'돈을 거래하는 게임'에서 샤덴프로이데를 발견할 수 있습니다. 이 게임에 대해서는 뒤에서 더 자세히 다루겠지만 간단히 설명하자면, 참가자들이 돈을 거래할 때 그 방식이 공정할 수도 있고 공정하지 못할 수도 있습니다. 게임을 몇 차례 진행하고 나서 우리는 실험 참가자들이 공정하게 게임을 한 사람과 불공정하게 게임을 한 사람이 각각 통증 자극을 받는 모습을 관찰하게 하고, 이때 이들의 뇌에서 일어나는 공감 반응을 측정했습니다. 앞서 커플을 대상으로 했던 통증 자극에 대한 공감 반응 실험과 유사하지만 자극을 받는 대상을 호감형과 비호감형으로 구분한 다음 지켜보는 사람의 뇌 반응을 측정했다는 점이 다릅니다.

이 실험 결과, 남성과 여성이 공감 반응을 일으키는 양상에 차이가 있었습니다. 남성은 공정하게 게임한 사람이 괴로워할 때 공감 반응을 보였습니다만, 부정한 방법으로 게임을 한 사람이 통증 자극을 받을 때는 보상이나 쾌락 감정과 관련 있는 뇌의 측좌핵nucleus accumbens

부위가 활성화되었습니다. 이 부위는 맛있는 초콜릿을 먹게 될 것이라는 기대를 할 때도 활성화됩니다. 우리는 참가자들을 대상으로 설문 조사도 진행했습니다. 설문지에서 보복의 필요성을 강하게 드러낸 사람일수록 공정하지 못한 사람이 괴로워하는 모습을 지켜볼 때 뇌에서 보상 신호가 강하게 나타났습니다.

반대로 여성 참가자들의 경우에는 공정하게 게임한 사람이 괴로워할 때와 부정한 방법으로 게임한 사람이 괴로워할 때 모두 뇌에서 공감 반응이 일어났습니다. 설문 조사에서는 공정하지 못한 사람에 대해 남성들과 비슷한 수준의 반감을 보였음에도 불구하고 여성들은 평균적으로 보복이나 샤덴프로이데 감정과 관련 있는 보상 중추가 남성만큼 강하게 활성화되지는 않았습니다.

공감 반응을 활성화하는 뇌 영역

내집단과 외집단 개념을 적용한 또다른 실험에서도 내부감각수용피질에 나타나는 공감 반응이 유사한 모습을 보였습니다. 실험 참가자들이 자신의 내집단이라고 인식한 대상(자신들의 풋볼팀 팬)이 괴로워하는 모습을 관찰할 때와 외집단에 속한 대상(경쟁 상대팀 팬)이 괴로워하는 모습을 관찰할 때의 뇌 반응을 비교해 살펴보았습니다. 그 결과 외집단보다 내집단이라고 인식되는 사람에게 더 많이 공감했습니다.

공감과 샤덴프로이데는 본질적으로 대립 관계에 있는 두 개의 동기부여 시스템입니다. 만약 한 시스템이 적극적으로 활성화되면 다른 시스템은 억제된다는 뜻입니다. 더욱이 우리는 이미 공감 관련 뇌 부위가 강하게 활성화될 때, 고통 받는 다른 사람을 도울 가능성이 더 높다는 것도 확인했습니다. 하지만 샤덴프로이데 반응이 강하면 돕는 행위를 자제할 것입니다. 그러니 뇌의 내부감각수용 피질에 공감 반응이 나타나면 도와주려는 행동을 기대할 수 있고, 뇌에서 샤덴프로이데 반응을 보이면 다른 사람을 도와주려는 사회친화적 행위는 기대하기 어렵습니다. 실제로 뇌의 신호는 사람들이 말로 도움을 주겠다거나 주지 않겠다고 얘기하는 것보다 더 정확하게 그 사람의 행동을 예측합니다. 사람들이 내집단과 외집단을 차별한다고 언제나 솔직하게 말하는 건 아니니까요.

이 실험에서 얻은 또다른 결과는 동기부여 체계가 공감에서 샤덴프로이데로 바뀌기 쉽다는 사실입니다. 우리가 진행한 모든 실험에는 대체로 점잖고 교육 수준이 높고 건강한 성인들이 참여한다는 점을 기억하기 바랍니다. 그런데도 관찰 대상을 내집단이나 외집단으로 인식하도록 설명을 조금 다르게 하거나, 관찰 대상이 공평하거나 불공평하다고 판단하도록 사전 경험을 추가한 것만으로도 공감에서 샤덴프로이데로 바뀌었습니다. 이제 문제는 이처럼 쉽사리 공감을 억누르는 경향을 어떻게 극복할 수 있으며, 자비심을 기르면 이러한 생물학적 기질을 바꿀 수 있느냐 하는 것입니다.

공감을 다룬 또다른 일련의 실험에서 확인한 한 가지 사실은, 자신의 감정과 기분이 어떤 상태인지 이해하지 못하는 이른바 '감정 표현 불능alexithymic' 상태에 있는 사람들은 공감과 관련된 뇌 영역이 활성화되지 않는다는 것입니다. 다른 사람에게 공감하려면 먼저 자신의 감정과 몸 상태를 정확하게 이해해야 합니다. 따라서 공감 훈련을 할 때도 먼저 자신의 몸과 감정 상태를 인식하고 이해하도록 돕는 데 집중해야 합니다.

자비심 훈련 실험

이제 자비에 초점을 맞춘 연구를 몇 가지 소개하려고 합니다. 우리는 공감이 자비보다 앞서 일어나는 현상이라고 생각합니다. 하지만 공감을 배제한 채 자비와 연결된 뇌 반응을 측정할 수 있을까요? 이에 대해서는 리처드 데이비슨이 더 자세히 소개하겠지만[2] 간단히 말씀드리면 우리는 자비심, 자애심과 연결된 뇌 영역을 찾아내기 위해 오랫동안 불교 수행을 해온 출가 수행자들과 함께 실험을 했습니다. 우리는 그들에게 자비심을 가졌다 벗어나기를 요청했을 뿐만 아니라 자비심의 강도를 30, 60, 혹은 100퍼센트로 조절해달라고 요구했습니다. 마치 요리할 때 불의 세기를 약한 불에서 중간 불, 센 불로 조절하는 것처럼 말입니다. 불교의 가르침에 비춰보면 이상한 요구일 수 있지만, 저희에게는 자신의 역량을 온도조절장치처럼 조절할 수 있는지를 확인하는 일이 매우 중요합니다.

내부감각수용 피질과 함께 유대감과 관련 있는 다른 영역들도 살펴보니 자애심과 자비심을 품었을 때 보상 중추가 아주 강하게 활성화되었습니다. 또한 장기 수행자들이 이러한 마음 상태와 두뇌회로 활성화 정도를 30에서 60, 다시 100퍼센트로 능숙하게 조절하는 모습을 관찰할 수 있었습니다. 그 조절 능력이 놀라울 정도로 아름다웠습니다.

그다음으로 우리가 알고 싶었던 것은 수년에 걸쳐 정기적으로 수행

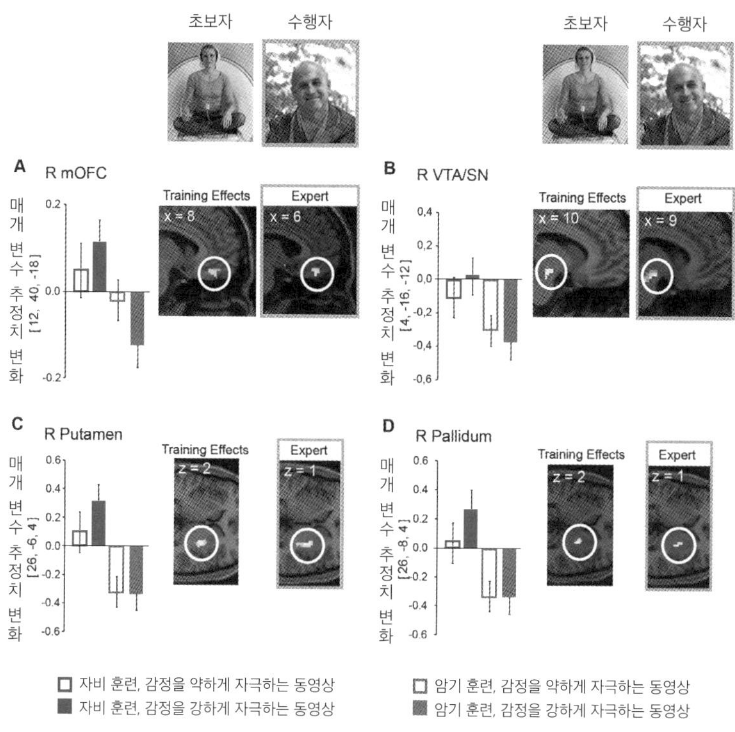

그림 2.3 자비 훈련이 뇌에 미친 영향

일주일간의 자비 훈련이 뇌에 미친 영향을 보여주는 실험 결과이다. 통제 집단은 암기 기술을 훈련받았다. 사전에 명상을 해본 적 없는 피실험자들은 일주일간의 훈련을 받기 전과 후에 각각 감정을 자극하는 동영상을 시청했다. 자비 훈련을 받은 집단은 암기 훈련을 받은 집단에 비해 오른쪽 뇌의 (A) 내측 안와전두피질mOFC, (B) 배측피개영역과 흑질VTA/SN, (C) 조가비핵Putanmen, (D) 창백핵Pallidum이 크게 활성화되었다. 두 개의 뇌 이미지 중 왼쪽은 일주일간의 훈련을 받은 초보 수련자들의 것이며, 오른쪽은 장기 수행자들이 초보 수련자들과 비슷한 감정을 일으켰을 때 활성화된 뇌 부위다.

해본 적 없는 평범한 사람들에게 자비심과 자애심을 기르도록 가르칠 수 있는지 여부였습니다. 수행을 해본 적 없는 사람들에게 딱 일주일간 훈련을 시킨 뒤 그들의 뇌 속에서 변화가 일어났음을 확인할 수 있을까요? 그러니까 자비심과 관련 있는 신경망에서 뇌 가소성이 증가했다는 증거를 찾을 수 있을까요?

희망이 보였습니다. 우리는 명상을 하지 않는 사람들을 대상으로 다양한 실험을 진행했습니다. 첫 실험에서는 자비심과 연결된 신경망을 활성화시키는 능력을 키울 수 있는지 새로운 기술을 동원해 조사해보았습니다. 실험 참가자들이 자비 명상을 수행하는 동안 그들의 뇌가 어떻게 반응하는지를 실시간으로 확인할 수 있는 fMRI를 이용한 것입니다.

참가자들에게 자비 명상에 대해 설명하고 직접 해보게 한 다음 바이오피드백(심장박동처럼 보통 의식적으로 제어가 잘 안 되는 체내 활동을 의식적으로 제어할 수 있도록 돕기 위해 관련 정보를 전자 장치로 측정해 표시해주는 것—옮긴이주)을 제공하는 fMRI 기기 안에서 집중 훈련을 하게 했습니다. 그런데 그중 한 명이 초보 수련자임에도 불구하고 둘째 날부터 장기 수행자들에게서 나타나는 것과 아주 비슷한 정도의 뇌 활성화를 보였습니다. 다른 한 명은 첫날 기기 안에서 자비로운 감정을 느끼고 그 강도까지 조절하는 일을 무척 버거워했는데, 둘째 날 고강도 바이오피드백 훈련을 하고 나자 자비심과 연결된 뇌 신경회로를 훨씬 절제된 방식으로 활성화할 수 있었습니다.

후속 연구에 따르면, 바이오피드백 없이 기기 안에서 일주일간 자비 명상 훈련을 한 것만으로도 전에는 숙달된 명상가들에게서만 볼 수 있었던 뇌 신경회로가 평범한 사람들에게서도 증가하는 모습이 확인되었습니다.

사람들마다 자비심과 자애심을 기르는 능력에 상당한 차이가 있다는 것도 무척 놀라운 발견이었습니다. 어떤 사람은 이 능력이 아주 뛰어난 반면 어려움을 겪는 사람도 있었습니다. 그 이유를 밝혀내는 것도 아주 흥미로운 일일 것입니다.

동기를 부여하는 세 가지 두뇌 시스템

이 실험의 초기 단계에서는 자애심과 자비심을 뒷받침하는 신경회로가 어떤 모습을 하고 있는지 밝혀내고 싶었습니다. 그리고 또 한 가지, 사람들이 사회적 감정을 조절하는 법을 배울 수 있는지 알고 싶었습니다. 심리학 연구에서는 사람들이 어떻게 자기감정을 조절하는지 이해하는 것이 매우 중요합니다. 감정을 조절하는 뇌 근육은 그 감정이 어떤 것이든 언제나 동일합니다. 따라서 자비심을 강화시키든 분노나 두려움을 누그러뜨리든 뇌 근육을 단련시키면 모든 감정을 훌륭하게 조절할 수 있습니다.

또 한 가지 소개해드리고 싶은 연구 흐름이 있습니다. 이 또한 감정체계와 동기부여 체계에 관한 것으로 이 둘을 조절해 정서적 균형을 이루고 건강하게 생활하는 방법을 모색하는 연구입니다. 이런 연구는 뇌 반응뿐만 아니라 호르몬과 신경전달물질이 신뢰와 같은 사회적 행위와 사회적 감정에 어떤 식으로 영향을 줄 수 있는지 살펴봅니다.

최근 연구에 따르면 공포감을 줄이거나 신뢰도를 높이는 호르몬 또는 신경전달물질을 인체에 투여할 경우 사회적 행동이 달라지는 것으로 나타났습니다.

마지막으로 이런 연구 흐름이 좀전까지 살펴본 자비 연구와 어떻게 연결될 수 있는지 보여드리겠습니다.

인간의 두뇌에 있는 동기부여 체계는 대략 세 종류로 구분할 수 있습니다. 첫 번째는 보상에 초점을 둔 체계입니다. 우리는 이것을 '욕구 시스템wanting system' 혹은 '추구 시스템seeking system', 아니면 '보상 중심 시스템incentive-focused system'이라고 부르려 합니다. 바라고 추구하고 성취하고 소비하는 행위와 연결되며 추진력과 흥분, 조급함과도 관련이 있습니다. 이 체계와 연결된 감정은 희열과 더 많은 것에 대한 열망처럼 대부분이 긍정적입니다.

생존에 아주 중요한 또다른 체계는 위협에 집중하는 체계입니다. 우리는 이것을 '공포 시스템fear system'이라고 부릅니다. 위험을 감지하면 뇌에서 즉각적으로 작동하는 시스템입니다. 예를 들어, 거미를 무서워하는 제가 거미를 발견하면 이 시스템이 작동해 소리를 지르게 됩니다. 이 시스템은 분노와 불안, 혐오나 공포 같은 감정과 연결됩니다. 이는 몸 안에서 스트레스 반응을 일으킬 수 있습니다. 그럴 경우 코르티솔 수치가 높아집니다. 이 때문에 만성적인 두려움은 질병을 유발할 수 있습니다. 하지만 보통은 상황에 맞게 작동하며, 위험에 처했을 때 자기방어 필요성을 인식하고 안전을 추구하도록 준비시킵니다.

세 번째는 바로 '보살핌 시스템caring system' 혹은 '관계 중심 시스템affiliation-focused system'이라고 하는 것입니다. 서양 사람들은 대개 잊고 지냅니다만 어느 동물이나 갖고 있는 시스템입니다. 어미와 자식 사이의 유대감은 물론 친밀감, 애정, 안도감을 느끼는 데 아주 중요합니다. 보상 중심 시스템이나 관계 중심 시스템 둘 다 긍정적인 감정과 연결되지만 보상 중심 시스템은 감정을 고조시키는 반면 관계 중심 시스템은 감정을 가라앉히는 점이 다릅니다.

보살핌 시스템을 활성화시키는 요인은 무엇일까요? 영장류들은 털 고르기를 할 때 보살핌 시스템이 활성화되는 것으로 나타났습니다. 보살핌 시스템은 호르몬의 일종이자 신경전달물질인 옥시토신이라는 물질이 분비되는 것과도 관련이 있습니다. 여러 연구에 따르면 마사지 역시 옥시토신 분비를 촉진시킵니다. 마사지를 받으면 기분이 차분해지고 진정되는 이유가 바로 이 때문입니다.

흥미롭게도 이 세 가지 시스템 중 어느 하나만 작동해도 사회친화적인 행동에 동기부여가 됩니다. 지위에 대한 욕구나 두려움, 혹은 보살핌의 마음이 있으면 사회친화적으로 행동할 수 있는 것입니다. 이 시스템들이 어떻게 서로 영향을 주는지 간단히 설명하기 위해 보살핌 시스템과 공포 시스템의 상호작용을 연구한 사례를 소개하겠습니다.

'편도체amygdala'라고 알려진 뇌 부위는 우리가 느끼는 두려움과 밀접한 관련이 있으며, 경보 시스템을 가동시키는 곳이기도 합니다. 편도체 활성화 정도가 높아지면 몸에 스트레스 반응이 일어납니다. 이러한 편도체 활성화를 억제할 수 있는 것이 바로 옥시토신입니다. 옥시토신은 동물들이 어미와 자식 간의 유대감은 물론 서로 보살피는 애착 관계를 형성하는 데 매우 중요합니다. 코요테의 뇌에서 옥시토신 수용기를 제거하면 그들 사이에서 더이상 보살피는 관계가 형성되기 어렵습니다. 옥시토신은 이렇게 사회적 결속과 애착 관계 형성을 돕는 아주 중요한 신경전달물질입니다. 두뇌를 이미지화한 연구들에 따르면, 스프레이로 사람의 콧속에 옥시토신을 뿌릴 경우 두려움과 관련 있는 편도체 활성화가 줄어드는 모습을 볼 수 있습니다. 예를 들어 제가 옥시토신을 흡입한 뒤에 거미를 본다면 평소보다 두려움이 덜하겠지요.

우리는 '신뢰 게임trust games'을 이용해 비슷한 실험을 해봤습니다. 에른스트 페르가 뒤에서 더 자세히 다룰 예정이니[3] 실험 결과만 간단히 말씀드리겠습니다. 상대방이 누구인지 모르는 상태에서 내가 먼저 경제적 이익을 나누면 상대방도 보답을 할 것이라고 신뢰해도 될지 여부를 결정해야 할 때, 의사결정 전에 옥시토신을 제공할 경우 신뢰하는 태도가 눈에 띄게 증가했습니다.

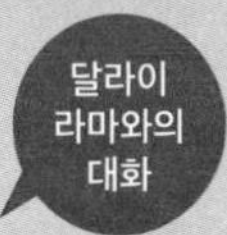

자비심의 강도를 조절할 수 있을까?

톱텐 진파 자비심의 강도를 조절하도록 한 실험 설계라니 무척 당혹스럽습니다. 자비심은 수행의 결과이지만 한번 그 경지에 이르면 자발적이고 자연스러운 감정이 됩니다. 따라서 정도를 말하기가 어렵습니다.

마티외 리카르 물론 자연스럽지는 않습니다. 하지만 이 실험의 목적은 다른 사람의 고통에 관심을 집중시키고 자비심을 일으키는 강도를 조절할 수 있는지 확인하려는 데 있습니다. 머릿속에 누군가 고통스러워하는 모습이 생생하게 그려진다면 자비심이 생기겠지요. 자비심이 생겨나고 점점 강해져 마침내 최고치에 이르는 일련의 과정이 진행될 것입니다. 도중에 딴생각을 하면 자비심이 줄어들 것이고, 그러다 다시 자비심을 회복하겠지요. 이렇게 정도의 차이와 변화가 있습니다. 임의로 자비심을 늘리거나 줄이는 것은 당연히 부자연스럽습니다. 현실적으로 자비심을 줄이려고 하지는 않겠지요. 다만 이 실험에서는 연구자들이 자비심을 측정할 수 있도록 저와 수행자들이 일부러 그렇게 한 것입니다.

달라이 라마 여러 감정이 뇌에서 일어나는 생화학적 변화에 전적으로 의존하고 있음을 보여주는군요. 불교에서 수행을 하는 목적 중 하나는 그런 의존 관계를 줄이는 것입니

다. 정신력이 강해질수록 마음은 신체적 요인이나 생화학적 변화에 좌우되지 않습니다. 제 생각에 마티외 리카르에게 옥시토신 테스트를 하는 것도 의미가 있을 것 같습니다. 하지만 먼저 한 가지는 보장해줘야 하겠지요. 테스트가 마티외의 수행을 방해하지 않는다는 점을요. 그러지 않으면 마티외가 실험용 기니피그와 같아지는 것이니까요! (웃음)

타니아 싱어 오로지 정신 훈련만으로 옥시토신과 똑같은 효과를 이끌어낼 수 있는지 여부가 가장 중요한 문제입니다. 달라이 라마께 드리고 싶은 질문이 있습니다. 자비심을 유발하고 키우려는 노력이 옥시토신을 복용하는 것보다 더 효율적인 방법일 수 있느냐 하는 점입니다. 평소에 옥시토신을 병에 담아 주머니에 넣고 다니지는 않으니까요. 자비심이 옥시토신 분비를 촉진해 통증 자각은 물론 공포와 불안도 줄일 수 있을까요? 가능하다고 보십니까?

달라이 라마 당연히 가능합니다. 불교 수행이 그런 효과를 내는 건 실제로 느끼는 감각이나 감정의 강도를 약화시켜서 그런 게 아닙니다. 그보다는 인식의 범위를 확장해 훨씬 큰 틀에서 이해하도록 하는 것입니다. 우리가 좀더 큰 목표를 볼 수 있다면 상대적으로 작은 목표는 기꺼이 희생하거나 그렇게 하려는 경향이 있지요. 명상을 할 때 통증을 덜 느끼는 이유도 그래서입니다. 불교 관점에서 보면 정말로 고통의 강도가 줄어든 것이 아니라 명상하는 대상에 관심을 집중시키다보니 상대적으로 통증에 신경을 덜 쓰게 되는 것입니다. 몸이 아프거나 몸이 아플까봐 염려하는 사람이 나들이를 가거나 아름다운 음악을 들으면 그 순간만은 통증을 덜 느끼는 이유도 마찬가지입니다. 일종의 관심 돌리기이지요.

3장 —— 자비심과 연결된 신경회로의 가소성

우리 몸의 생물학적 작용과 경험은 이타적 행위에 결정적 영향을 미친다.
그러나 이타심과 자비심은 그 수준이 고정된 것이 아니며,
그와 연결된 우리 뇌의 신경회로는 가소성이 매우 뛰어나다.

- 신경과학자, 리처드 데이비슨

리처드 데이비슨

Richard Davidson

위스콘신대학교 매디슨 캠퍼스의 심리학과 및 정신의학과 교수이며, 같은 대학에 건강한 마음 연구센터the Center for Investigating Healthy Minds를 설립했다. 웨이즈먼 뇌 영상·행동 연구소the Waisman Laboratory for Brain Image and Behavior의 책임자이기도 하다. 1991년부터 마인드&라이프 이사회 일원으로 활동하고 있으며, 명상이 뇌에 미치는 영향을 과학적으로 분석한 선구적인 연구자로 손꼽힌다.

리처드 데이비슨은 어린이와 숙련된 명상 수행자, 그리고 단기간 자비 훈련을 경험한 일반인을 대상으로 공감과 이타심, 사회친화적 태도가 신경학적으로 어떤 차이를 보이는지 실험한 결과를 소개한다. 이를 통해 뇌도와 편도체 활성화 정도가 사회친화적 행동과 분명한 상관관계가 있음을 보여준다.

공감의 세 가지 성향

저는 그동안 다양한 조건에서 공감과 자비심을 연구해왔습니다. 그 과정에서 사람들이 경제 과업을 수행하면서 내리는 결정과 두뇌 작용 사이에 어떤 관계가 있는지를 살펴보았습니다.

연구의 핵심은 두 가지입니다. 첫 번째는 사람마다 공감과 자비심의 '특질 수준trait levels'이 다르다는 사실입니다. 여기서 '특질'이란 심리학 관점에서 개인을 다른 사람들과 구별해주는 일관된 차이를 뜻하며, 시간이 지나도 지속되는 특징이 있습니다. 이러한 차이는 내재된 생물학적 특성과 관련이 있습니다. 두 번째 핵심은 현대 뇌과학이 공감과 자비를 훈련으로 발달시킬 수 있는 노력의 산물로 간주한다는 것입니다. 훈련을 통해 신체는 물론 뇌에도 유연한 변화를 일으킬 수 있다고 봅니다.

저는 공감을 세 종류로 구분하고 싶습니다. 먼저 '부정적인 방향으로 이끄는 공감negative valence empathy'이 있습니다. 다른 사람의 고통을 접했을 때 걱정하거나 괴로움을 느끼는 성향을 가리킵니다. 두 번째는 '긍정적인 방향으로 이끄는 공감positive valence empathy'입니다. 여기에는 다른 사람의 고통을 달래고 긍정적인 정서를 불어넣으려는 목적으로 밝은 감정을 표출하는 성향이 있습니다. 세 번째는 공감을 과학적으로 다룬 글에서는 보통 사용하지 않는 것으로 불교에서 강조하는 '사무량심four brahmavihāras(불교 교리에 등장하는 네 가지 가치, 즉 남을 대할 때의 올바른 마음가짐인 자慈, 비悲, 희喜, 사捨를 지칭한다.)' 가운데 '함께 기뻐하는 마음sympathetic joy'을 가리키는 희(喜 또는 희무량심)입니다. 이는 다른 사람이 행복해하는 모습을 접하면 반갑고 즐거운 기분을 느끼는 성향을 말합니다.

자연스럽고 풍부한 아이들의 공감 반응

우선 어린이를 대상으로 한 실험에 대해 이야기 나눠보고 싶습니다. 어린이들과 함께 실험할 때 몹시 흥미로운 점은 아이들은 어른들처럼 사회에 길들여지지 않아 어른들보다 훨씬 풍부하게 표현한다는 점입니다. 아이들에게서는 어른들에게서 보기 어려운 행동들이 나타나기 때문에 어떻게 반응하는지 확실하게 알 수 있습니다.

어린이들이 참여한 실험에서 먼저 아이들에게 빗으로 머리를 빗는 흉내를 내보라고 했습니다. 그러다 연구자가 서류받침 집게에 손가락이 집혀 다친 척했습니다. 연구자는 어쩌다 손가락을 다쳤는지 큰소리로 이야기하고, 상처 부위가 빨개지고 있다면서 정말로 쓰라리다고 하소연하고는 조금 뒤 이제 괜찮아지기 시작했다고 말했습니다. 우리는 그사이 어린이들의 반응을 관찰했습니다. 4~5세 어린이 300여 명을 테스트했습니다. 일부 아이들은 전형적인 표정, 즉 걱정스러운 얼굴에 겁먹은 표정을 짓고 긍정적인 감정은 드러내지 않았습니다. 연구자가 고통스러워하니까 아이들도 걱정스러워하며 부정적인 감정을 표출했습니다. 부정적인 방향으로 이끄는 공감이라고 볼 수 있지요.

어떤 아이는 연구자가 괜찮아지고 있다고 말하는 소리를 듣고는 아주 환하게 미소 지으며 "다행이네요" "정말 잘됐어요"라고 말했습니다. 긍정적인 방향으로 이끄는 공감의 예라고 할 수 있습니다.

제가 이 실험을 소개하는 이유는 어린 시절의 어떤 요소가 장차 자비심을 꽃피울 씨앗인가 하는 의문 때문입니다. 두 가지 요인은 분명합니다. 첫째는 염려하는 마음이고, 둘째는 다른 사람의 고통을 덜어주고 그 사람의 기분을 긍정적으로 바꿔주고자 하는 바람입니다. 어떤 아이들은 자연스럽게 이 같은 반응을 보입니다. 300명에게 실험을 해보면 아주 다양한 행동 양식이 나타납니다. 아이들의 행동에서 나타나는 차이는 뇌가 기능하는 방식과 관련이 있기 때문에, 뇌 이미지를 보면 공감 반응의 패턴을 정확하게 예측할 수 있습니다.

자비심 기르기 실험, 2주간의 변화

이제 초보 수련자들에게서 발견한 새로운 사실들로 넘어가보겠습니다. 이들은 딱 2주 동안 훈련을 받았습니다. 그전까지 한 번도 명상 수련을 해본 적 없는 일반인들입니다. 그들은 더 행복해지는 교육을 받는 줄 알고 실험에 참여했습니다. 임의로 나뉜 두 집단 중 한 집단은

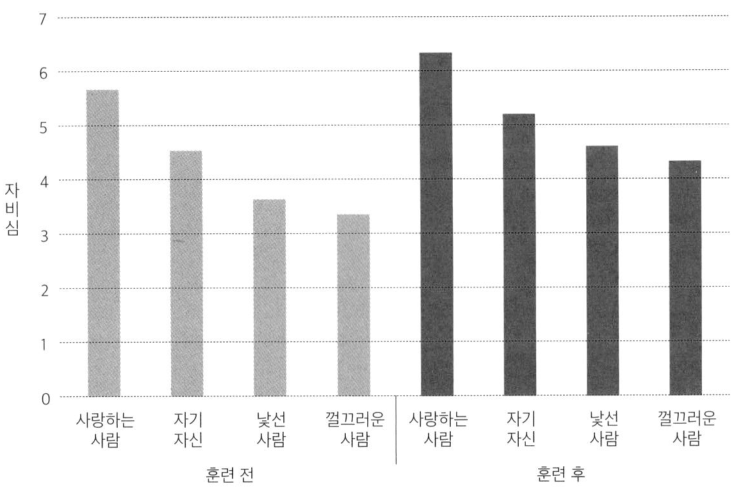

그림 3.1 자비심은 대상에 따라 다르게 나타나는가?

각기 다른 대상을 떠올리며 자비 명상을 시도해본 실험 참가자들에게 각자 경험한 자비심의 강도를 0부터 7까지 등급을 매기게 했다. 0은 자비심이 전혀 없는 상태이며, 7은 참가자들이 경험할 수 있는 가장 강렬한 수준의 자비심을 나타낸다.

자비심과 자애심을 기르는 훈련을 받고, 다른 한 집단은 인지 치료를 기초로 한 훈련을 받았습니다. 인지 치료 훈련에는 부정적인 상황을 재평가하고 긍정적인 결과를 그려보는 교육이 포함됐습니다.

우리가 살펴보려고 했던 문제 중 하나는 대상에 따라 자비심이 다르게 나타나는지 여부였습니다. 그래서 훈련이 끝난 후 참가자들에게 사랑하는 사람, 자기 자신, 낯선 사람, 그리고 껄끄러운 사람을 위해 자비 명상을 시도해보기를 요청했습니다. 2주 동안 자비 훈련을 받고 나니 낯선 사람과 껄끄러운 사람에 대한 자비심이 훈련을 받기 전 자기 자신에게 가졌던 자비심과 비슷한 정도로 상승했습니다. 하루에

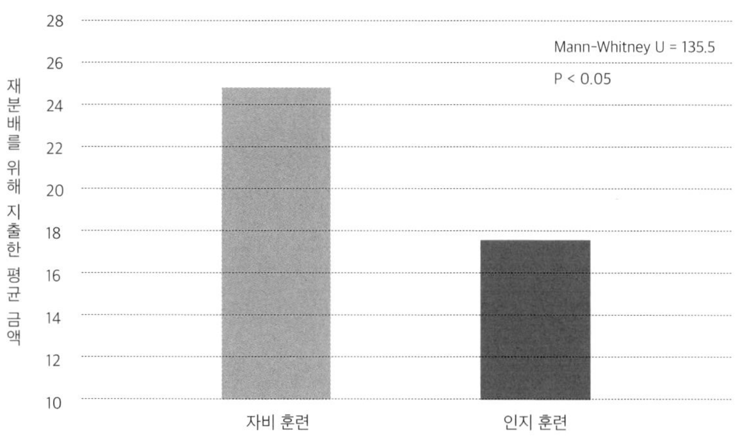

그림 3.2 자비심 훈련과 적극적 재분배의 상관관계

30분씩 겨우 2주에 걸친 훈련이었지만 이처럼 눈에 띄는 변화를 보였습니다.

우리는 참가자들에게 경제 관련 게임을 하는 과제를 내주기도 했습니다. 이 실험의 중요한 특징은 두 사람이 금전 거래를 하는 모습을 제3자가 관찰하는 것입니다. 이때 거래는 공평할 수도 있고 불공평할 수도 있습니다. 만약 거래가 불공평하게 진행되면 제3자는 사전에 우리가 지급한 돈을 사용해 거래가 좀더 이타적인 결과에 이르도록 부를 재분배할 수 있습니다. 이것이 게임의 기본 틀입니다.

대규모 참가자를 대상으로 게임을 진행해본 결과 부의 재분배를 많이 한 사람일수록 더 많이 공감하고 염려하는 것으로 나타났습니다.

또한 사후 설문지 응답을 분석한 결과, 그들은 타인의 고통을 측은해하고 걱정하고 연민을 느끼는 마음이 훨씬 큰 것으로 나타났습니다.

예를 들면 그들은 '나는 종종 나보다 불운한 사람들에게 안타깝고 염려스러운 감정이 든다'는 문장에 '그렇다'라고 답했습니다.

따라서 이 실험은 공감에 따른 염려를 가늠하는 데 어느 정도 타당성이 있는 셈입니다. 우리는 참가자들이 2주간의 훈련을 시작하기 전과 훈련을 마친 뒤에 각각 뇌 영상을 촬영했습니다. 촬영이 끝난 다음에는 두 번 모두 경제 관련 게임을 하게 했습니다. 이 게임에서 발견한 사실은 자비심 훈련을 받은 집단의 변화가 인지적 재평가 교육을 받

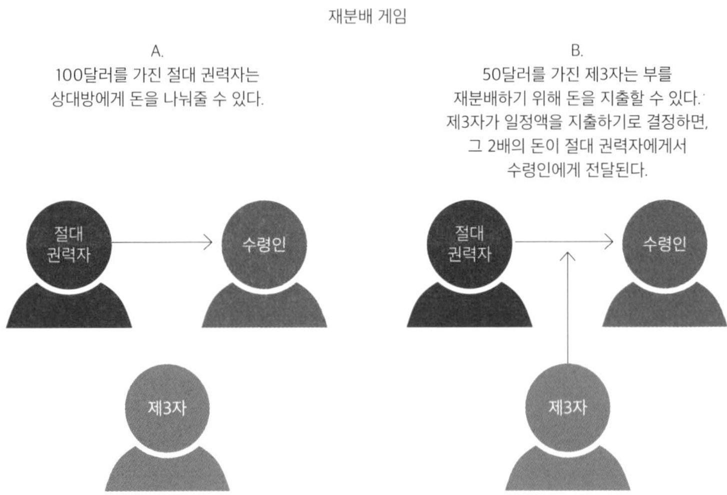

그림 3.3 재분배 게임

재분배 게임에서 절대 권력자 역할을 맡은 한 참가자에게 100달러를 지급한다. 이 참가자는 두 번째 참가자, 즉 수령인 역할을 맡은 이에게 돈을 나눠줄 수 있으며, 남은 돈은 자기가 가지면 된다. 여기에 두 사람의 모습을 지켜보는 제3자가 있다. 제3자에게는 50달러를 지급하고, 절대 권력자와 수령인이 돈을 좀더 공평하게 나눠 갖게 하기 위해 자기가 받은 돈의 일부 혹은 전부를 쓸 수 있도록 했다. 제3자가 얼마를 지출하든 연구자는 그 금액의 2배를 절대 권력자에게서 받아 수령인에게 준다. 단, 제3자 역시 50달러를 전혀 쓰지 않고 전부 자기가 가져도 된다.

은 집단의 변화보다 눈에 띄게 컸다는 점입니다. 그들은 2주간의 훈련을 받은 후 경제적 의사결정을 내려야 하는 게임에서 전보다 훨씬 이타적으로 행동했습니다.

2주간의 훈련 후 뇌에도 변화가 관찰되었습니다. 자비심 훈련 집단에 속한 사람들의 경우 뇌의 특정 부위, 그중에서도 편도체와 뇌도에서 확인된 변화 정도가 경제 게임을 수행할 때의 이타적인 태도와 관련이 있었습니다. 자비심 훈련이 편도체 활성화를 억제했습니다. 훈련을 마치고 다시 뇌 영상을 촬영했을 때 편도체 신호가 약해진 경우 더욱 적극적으로 부를 재분배하는 것으로 나타났습니다. 편도체와 뇌도를 함께 고려하면 이 같은 상관관계는 더욱 뚜렷해집니다. 2주간의 훈련을 마친 후 뇌에 생긴 변화가 클수록 사람들은 훨씬 이타적으로 행동했습니다. 그러나 이는 자비 훈련을 받은 집단에만 해당되는 이야기입니다. 인지적 치료 집단에서는 아무런 연관성을 발견하지 못했으며, 결과도 완전히 달랐습니다.

뇌 가소성과 자비심의 상관관계

숙련된 수행자가 자비심을 키우는 동안 뇌 신경회로에 일어나는 변화를 보여주는 이미지로 넘어가보겠습니다. 실험에 참여한 수행자 중 한 명인 마티외 리카르가 이렇게 말했습니다.

“실험을 위해 우리는 고려할 점이나 논리, 산만한 생각을 일절 배제한 채 마음이 온통 사랑과 자비로 채워지도록 했습니다. 이런 상태를 가리켜 ‘순수 자비pure compassion’ 혹은 사랑이나 자비심을 불러일

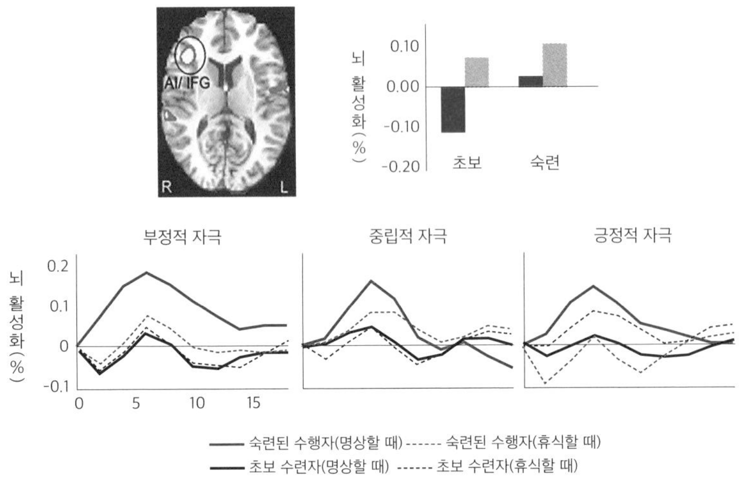

그림 3.4 고통을 호소하는 소리에 따른 뇌 반응

위 그림의 뇌 이미지는 자비 명상 장기 수행자가 여성의 비명 소리나 아기 울음소리처럼 괴로움을 표현한 소리를 듣고 자비심을 일으켰을 때, 앞뇌섬AI이 훨씬 강하게 활성화되는 모습을 나타내고 있다. 이 실험에는 숙련된 명상 수행자 15명과 연령이 같은 대조군 15명이 참여했다. 아래 그래프는 부정적 자극, 중립적 자극, 긍정적 자극에 대해 숙련된 수행자와 초보 수련자의 뇌에서 일어나는 반응을 명상할 때와 휴식할 때로 구분하여 측정한 결과이다. 실선은 명상할 때, 점선은 휴식할 때 측정한 값이다. 주목할 것은 숙련된 수행자들의 경우에만 휴식을 취할 때보다 명상할 때 뇌가 더 활성화 되었다는 점이다. 부정적 자극을 받을 때 특히 더 그렇다.

으키기 위해 특정한 대상에 집중하지 않는다는 점에서 '불특정 자비non-referential compassion'나 '보편적 자비all-pervading compassion'라고도 합니다."

그림 3.4에서 동그랗게 표시된 부위가 뇌도, 다시 말해 내부감각수용 피질입니다. 실험실에서 숙련된 수행자들이 자비 명상을 시도할 때 변화를 일으킨 주요 뇌 부위 중 한 곳입니다. 우리는 수행자들의 뇌

상태 변화를 측정하기 위해 감정을 자극하는 소리를 들려주었습니다. 그중에는 여성의 비명 소리나 아기 울음소리 같은 부정적인 소리도 있었습니다. 사람이 괴로울 때 내는 소리들이지요. 이런 고통스러워하는 소리가 들렸을 때 숙련된 수행자들의 뇌도가 크게 활성화되는 모습을 확인할 수 있었습니다. 자비 명상을 배운 초보 수련자들에게서도 미미한 변화가 나타났습니다만, 그들 스스로 명상이 유독 잘 됐다고 느낄 때나 비교적 주의가 흐트러지지 않아 자비심을 일으키는 데 집중한 경우에 한해 그렇게 나타났습니다.

자비 명상의 영향을 받는 또다른 부위는 편도체입니다. 편도체는 감정 처리의 다양한 국면과 관련이 있으며 특히 부정적인 감정과 관계가 깊다고 알려져 있습니다. 숙련된 수행자들이 자비 명상을 하던 중 누군가가 고통스러워하는 소리를 들었을 때 그들의 뇌에서 편도체가 강하게 활성화되었습니다. 하지만 편도체는 감정을 자극하는 소리에 강하게 반응했다가도 빠르게 회복하는 모습을 보였습니다. 이는 평등심(모든 것에 차별을 두지 않고 한결같이 사랑하는 마음—편집자주)을 기르는 수행의 결과가 아닌가 싶습니다. 실제로 최근에 진행한 실험들에 따르면, 장기 명상 수련자들은 초보 수련자들에 비해 편도체가 부정적인 자극에 반응했다가도 훨씬 빠르게 원래 상태를 회복하는 것으로 나타났습니다. 숙련된 수행자들의 뇌가 이와 같이 빠른 회복력을 보이는 것은 그들이 수행을 해온 시간과 정확하게 비례했습니다. 초보 수련자들에게서는 이런 변화를 볼 수 없었습니다. 초보 수련자들의 경우 편도체 반응은 증가하지 않고 오히려 줄어들었습니다.

종합해보면, 우리 몸의 생물학적 작용과 경험이 이타적 행위에 결정적인 영향을 미친다는 사실을 알 수 있습니다.

하지만 우리가 가진 이타심과 자비심은 그 수준이 고정되어 있는 게 아닙니다. 자비심과 연결된 신경회로는 가소성이 뛰어납니다. 어릴 때부터 적절한 훈련을 받는다면 많은 사람들이 폭넓게 자비심을 기를 수 있을 것이라 기대합니다.

편향된 감정과 편향되지 않은 감정

툽텐 진파 장기 수련자들의 경우 집착을 버리는 과정이 수행에 포함되기 때문에 부정적인 자극에 반응했다가도 편도체가 빠르게 회복되는 실험 결과가 나온 것 같습니다.

달라이 라마 자비심과 염려하는 마음에는 편향된 감정과 편향되지 않은 감정이 있는 것이 분명합니다. 편향된 감정은 '나'를 챙기는 경우가 꽤 많고, 결국 '나'를 위한 것입니다. 반면 편향되지 않은 감정은 매우 객관적입니다.

툽텐 진파 평등심을 기르는 수행을 할 때 집착을 버리는 연습부터 하는 이유가 바로 그 때문입니다.

달라이 라마 집착을 버리면 편향성이 줄지요.

리처드 데이비슨 요약하자면, 우리는 어린아이들에게도 다양한 형태의 자비심이 있다는 것을 확인했습니다. 그중 일부는 공감에 따른 염려와 이타적 행동으로 피어날 씨앗을 상징하는 것이라고 생각합니다. 숙련된 수행자들의 경우 고통스러운 상황을 연상시키는 자극에 대한 뇌의 반응이 자비 명상과 깊은 관련이 있는 것으로 나타났습니다. 초보 수련자들은 2주간의 훈련 후 뇌의 변화가 확인되었고 이타적으로 행동하는 경향도 증가했습니다. 뇌에서 확인된 변화가 클수록 전보다 훨씬 이타적으로 행동했습니다. 다만 숙련된 수행자와 초보 수련자 사이에 차이가 있었습니다. 숙련된 수행자들은 타인의 고통을 접했을 때 편도체가 고도로 활성화된 반면, 초보 수련자들은 오히려 훈련의 영향으로 편도체 활성화가 억제되었습니다. 숙련된 수행자들의 경우 평등심을 회복하는 능력이 뛰어난 덕분이거나 달라이 라마께서 설명하신 것처럼 집착을 버렸기 때문이라고 생각합니다.

4장 —— 생물학적 이타주의

4세 무렵이면 사회친화적인 선택을 선호하는 경향을 보이기 시작한다.
또한 다른 사람을 위해 자신이 받아야 할 보상을 기꺼이 포기하기도 한다.
우리 인간만큼 타인의 행복에 많은 관심을 보이는 영장류는 없다.

- 인류학자, 조앤 실크

조앤 실크

Joan Silk

애리조나주립대학교 인간 진화와 사회적 변화 대학the School of Human Evolution and Social Change 교수이며, 캘리포니아대학교 로스앤젤레스 캠퍼스에서 인류학과장을 지냈다. 자연선택이 사회적 행동의 진화 과정에 미치는 영향을 인간 이외의 영장류들에서 살펴보고 있으며, 인간 사회에서 중요한 기능을 하는 화해, 협력, 친교, 부성애, 사회친화적 감정 같은 역량이 진화해온 뿌리를 탐구하고 있다.

유인원과 꿀벌을 포함한 많은 동물들이 이타적이고 사회친화적인 행동 패턴을 보인다. 이는 어떤 동기 요인에 따른 선택을 의미하는 것일까, 아니면 단지 생존을 위한 생물학적 본능일 뿐일까? 조앤 실크는 먼저 유인원을 중심으로 선택과 이타주의에 관해 연구된 내용들을 살펴본 후 그룹 토론에서 인간과 동물을 비교한다. 특히 고마움을 느끼고 누군가의 행동이 지닌 장기적 의미를 파악할 수 있는지에 초점을 맞춘다.

털 고르기, 영장류에서 흔히 보이는 이타적인 모습

동물들 사이에서 이타주의가 표현되는 방식에 관해 동물학자들이 수집한 자료를 소개한 다음, 인간의 모습과 비교해보려 합니다.

생물학에서 정의하는 이타주의는 기본적으로 진화론을 전제로 합니다. 생물학자들이 이타주의라고 얘기할 때는, 행위 당사자로서는 큰 대가를 치러야 하지만 상대에게는 이익이 되는 행동을 하는 것을 의미합니다. 이타주의의 일반적 의미와 유사하지요. 다만 이익을 거론할 때 생물학에서는 돈이 아니라 '유전적 적합도genetic fitness', 즉 각 개체가 생존하고 번식하는 데 필요한 능력을 이야기한다는 차이가 있습니다.

이타주의는 동물들에게서도 꽤 많이 나타납니다. 동물 세계에서도 다양한 이타주의의 사례를 볼 수 있습니다. 제가 연구하는 영장류에게서 가장 흔히 발견되는 이타주의 모습은 '털 고르기'입니다.

영장류는 정확히 어떤 이유로 털 고르기를 하는 것일까요? 그들의 머릿속에서는 어떤 일이 벌어지고 있을까요? 동물들이 어떤 동기에서 그러는지는 알 수 없지만, 이와 같은 행동이 보이는 특징에 대해서는 꽤 많이 파악하고 있습니다. 얼마나 자주 그런 행동을 보이며 누가 누구에게 그런 행동을 하는지도 압니다. 또한 그런 행동이 동물들에게 아주 유익하다는 것도 압니다. 각 개체가 얼마나 사회적인지, 장기적으로 살펴보았을 때 가장 사회적인 암컷이 건강 상태도 가장 우수하다는 사실을 발견할 수 있습니다. 이 암컷이 낳은 새끼들의 생존 가능성이 가장 높습니다.

이와 같은 증거를 통해 사회적인 태도가 암컷에게 유익하다는 것을 알 수 있습니다만, 영장류에게서 나타나는 이타주의는 인간에 비해 훨씬 제한적입니다. 자신의 구애에 호의적으로 반응하는 상대나 동족에게만 이타심을 드러내는 경향이 있습니다. 그마저도 같은 집단에 속한 경우로 한정되기 때문에 협력을 도모할 수 있는 영장류 수는 인간에 비해 아주 적습니다.

네 살 아이를 구한 침팬지

우리는 인간의 이타주의에 대해서는 이미 많이 알고 있습니다. 그 내용을 바탕으로 이제 다른 동물들에게서는 어떤 동기가 작용해 이타주의가 생겨나는지 의문을 갖기 시작했습니다. 자비심 때문일 수 있습니다. 정의감 때문일 수도 있고요. 공평함을 중시하거나 다른 동물을 염려하는 마음 때문일 수도 있습니다. 아니면 또다른 요인이 있을 수도 있습니다. 어쩌면 이런 모든 동기요인과 관계없이 이타적인 행동을 보이는 것일 수도 있습니다. 동물들이 어떤 동기에서 이타적으로 행동하는지 파악하기 위해서는 인간의 시각으로 동물들의 행동을 해석하는 수준에서 벗어나야 합니다.

1996년 시카고에 있는 한 동물원에서 어린아이가 고릴라 우리 안으로 떨어지는 사고가 발생했습니다. 암컷 고릴라가 아이를 들어 올려 팔에 안고 우리 안쪽으로 데려갔습니다. 이 암컷 고릴라는 왜 그렇게 했을까요? 어린아이가 위험에 처해 있는 모습을 보고 도움을 주고 싶어 그랬을 수 있습니다. 사람들은 보통 이렇게 생각하지요.

하지만 제가 동물원 관계자와 이야기를 나누어보고 알게 된 한 가지는 이 암컷이 아주 젊었을 때 동물원 직원들로부터 새끼를 보살피는 방법에 대해 훈련을 받았다는 사실입니다. 동물원에 사는 어미 고릴라들은 새끼를 낳고도 어떻게 보살펴야 하는지 모르는 경우가 종종 있습니다. 동물원 직원들은 그 암컷에게도 새끼를 어떻게 안아서 움직여야 하는지 가르치고, 새끼의 상태를 살펴볼 수 있도록 직원에게 데려오는 훈련을 시켰던 것입니다.

그러면 이 암컷 고릴라가 무슨 생각으로 아이를 안아 옮겼는지 어떻게 알 수 있을까요? 우리는 이 문제를 좀더 체계적인 방법으로 연구해보았습니다. 즉 기꺼이 도움을 주려는 태도가 다른 존재의 행복을 고려한 결과인지 아닌지 판단할 수 있는 실험을 해보았습니다.

이 실험을 위해 경제학 실험에서 주로 사용하는 논리를 빌려왔습니다. 우리는 동물이 각기 다른 보상이 따르는 두 가지 방법 중 하나를 고르게 했습니다. 어떤 것을 선택하느냐에 따라 그 동물이 선호하는 경향을 파악할 수 있기 때문입니다. 누군가 제게 당근이나 셀러리 중 하나를 고르라고 하면 저는 셀러리를 고르는데, 이 선택으로 사람들은 제가 당근보다 셀러리를 더 좋아한다는 사실을 알 수 있습니다. 우리는 이 방법을 유인원에게 그대로 적용해보았습니다.

실험에는 침팬지 두 마리가 참여했습니다. 한 마리에게는 선택권을 주고, 나머지 한 마리에게는 파트너 역할을 부여했습니다. 선택은 두 가지 중 하나를 고르는 것입니다. 첫 번째를 선택하면 자신과 파트너가 바나나를 한 개씩 받게 됩니다. 두 번째를 선택하면 파트너에게는 바나나를 주지 않고 자신만 바나나 한 개를 받을 수 있습니다. 다소 놀랍게도 침팬지들은 순서는 일정치 않았지만 결과적으로 두 가지를 동등한 비율로 선택했습니다.

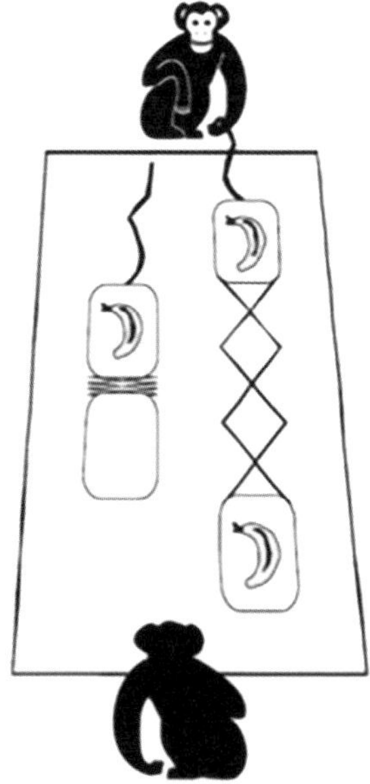

그림 4.1 침팬지의 선택

침팬지에게는 두 가지 선택권이 있다. ① 자신과 파트너가 각각 바나나 한 개를 받는다. ② 자신만 바나나 한 개를 받는다. 이 실험은 침팬지가 남을 배려하는 선택지인 ①을 특별히 더 선호하지는 않음을 보여준다.

침팬지와 인간의 차이점

다양한 집단에 속한 다수의 침팬지를 상대로 수차례 이 실험을 해보았습니다. 단지 한 마리의 불친절한 침팬지하고만 실험을 했던 게 아닙니다. 이런 종류의 실험을 통해 우리는 선호하는 경향에 대해 생각해볼 수 있습니다. 침팬지들이 일상적으로 하는 행동을 보면 무척 이타적일 것 같지만, 그렇게 행동하는 동기가 우리 인간과 똑같지 않을 수도 있습니다.

침팬지와 인간이 어떻게 이렇게 다른지 살펴보기 위해 우리는 어린 아이들과도 일련의 실험을 진행했습니다. 대략 4세 무렵이 되면 아이들은 사회친화적인 선택을 선호하는 경향을 보이기 시작합니다. 때때로 아이들은 다른 사람을 위해 자신이 받아야 할 보상을 기꺼이 포기하기도 합니다. 아직 어린데도 말입니다. 아이들은 불공평하게 나누는 것보다 공평하게 나누는 것을 더 좋아한다는 실험 결과도 있습니다.

다른 동물들에게서 동기요인을 찾는 조사는 이제 겨우 시작 단계입니다. 영장류에 대해서도 아직 완벽한 답을 찾지 못했습니다. 우리가 영장류에 대해 아는 것은 우리 인간이 사회성이 아주 좋은 영장류 조상으로부터 비롯되었다는 것입니다. 그 영장류 조상은 강한 유대감을 갖고 있는데, 특히 친족 사이에서 그랬습니다. 그러나 협력을 꽤 잘하면서도 이타심을 보이는 대상에는 제한을 둡니다. 우리는 영장류 중에서도 유인원이 원숭이보다 영리하고 협력을 더 잘한다는 사실도 압니다. 유인원은 거래를 기초로 관계를 발전시키기까지 합니다. 하지만 우리 인간만큼 남의 행복에 많은 관심을 보이지는 않습니다.

인간에게는 다른 유인원에게서 볼 수 없는 특징이 많습니다. 언어,

문화, 도덕규범, 자비심 등이 그렇습니다. 인간이 다른 영장류와 얼마나 유사하고 또 얼마나 다른지는 아직도 더 연구해야 하지만, 인간이 다른 어떤 영장류보다도 자비를 베푸는 능력이 고도로 발달되었다는 것만은 확실합니다.

자비심은 지능과 관련이 있다

달라이 라마와의 대화

마티외 리카르 달라이 라마께서는 폭넓은 이타주의가 생물학적 이타주의에 기초한다고 자주 말씀하십니다. 제가 생각하는 '생물학적' 혹은 '자연적' 이타주의는 진화를 통해 유전적으로 물려받았다는 뜻으로, 부모의 보살핌과 모성애가 가장 대표적인 예입니다. 달라이 라마께서는 이 놀라운 사랑이 자연스러운 것이기에 훈련이 필요 없다고 자주 언급하셨습니다. 하지만 여기에는 아직 편향된 면이 있습니다. 누구보다 자기 자식을 가장 우선시하고, 어느 정도는 다른 친족들에게 향하며, 그다음 순서로 자신에게 잘해주는 사람을 대상으로 하기 때문입니다.

이렇듯 편향성이 남아 있는 이타적 사랑은 낯선 사람에게까지 확대되기 어렵고, 자기 자신이나 다른 사람에게 해를 끼치는 껄끄러운 사람에게는 더욱 미치지 않습니다. 하지만 달라이 라마께서는 논리와 지혜를 바탕으로 알아차리는 인지 수련을 하면 모든 존재들이 예외 없이 고통에서 벗어나고자 하는 것을 이해하게 된다고 누누이 말씀하셨습니다. 그렇기에 우리는 모든 존재에 관심을 기울여야 한다고 강조하셨습니다. 그러면 이타적 사랑이 훨씬 폭넓게 발휘될 수 있습니다. 이런 식의 이타주의는 훈련을 필요로 합니다만, 이때 편향적이지 않고 앞서 언급한 것처럼 고통의 원인을 더 깊은 차원에서 이해하려는 자세를 갖춰야 합니다. 제한적이고 편향된 이타주의에서 폭넓은 이타주의로 나아가는 방법에 대해 말씀해주시지요.

달라이 라마 먼저 자비심은 지능과 관련이 있습니다. 이렇게 이야기할 수 있겠지요. 지능이 낮은 포유류는 물론이고, 하늘을 나는 새들도 전체적으로 보지 못합니다. 여기서 전체적으로 본다는 의미는 현재뿐만 아니라 미래에 일어날 수 있는 결과까지 예상해본다는 뜻입니다. 지능을 갖추면 훨씬 종합적으로 볼 수 있습니다. 꽃이나 식물은 매우 아름답지만 감정을 느끼거나 인식하지 못합니다. 따라서 자비심을 기를 방법이 없습니다. 오직 지각이 있는 존재만이 고통과 기쁨을 경험하며, 이것이 자비심의 기초가 됩니다. 거기에 지적 활동이 더해지면 자비심이 강화됩니다. 하느님이 우리를 창조했든 자연이 우리를 창조했든 우리는 사회적 동물입니다. 혹시 사회적 동물로서 벌의 모습을 실험해본 적이 있나요?

조앤 실크 벌들은 놀라울 정도로 사회적이며, 사회적인 환경에서만 생존할 수 있다고 알고 있습니다.

달라이 라마 벌들이 자기가 속한 군집 내에 있을 때와 다른 군집에 속한 벌들에 섞여 있을 때 행동이 어떻게 다른지 관찰한 실험이 혹시 있었나요?

조앤 실크 벌들만 그런 게 아니라, 많은 동물들의 경우 같은 집단 내에서는 폭넓은 이타심을 보이지만 낯선 존재에게는 매우 적대적입니다.

달라이 라마 각기 다른 군집에 속한 벌들을 한곳에 오랫동안 모아놓으면 결국은 서로 어울릴까요?

조앤 실크 아니요, 그렇지 않습니다.

달라이 라마 다른 군집에 대한 적개심이나 차별이 단순히 친숙하지 않고 유대감이 없어서 생기는 결과가 아닌지 궁금하군요. 시간이 지나면 서로 교류하고 친해질까요? 물론 군집의 생존이 외부에서 온 벌들에게 의존하지 않는다면 원래 있던 벌들은 외부에서 온 벌에게 적대적이겠지요. 하지만 서로 다른 군집을 한곳에 모아놓았을 때 결국은 함께 벌집을 만들고 새로운 군집을 형성해 새로운 집단으로 발전해나갈 가능성이 있지는 않나요? 환경이 바뀌면 이 작은 곤충의 마음에도 변화가 일어나지 않을까요?

조앤 실크 벌과 같은 동물들은 생물학적으로 고정된 것 같습니다. 벌들은 행동에 유연성이 별로 없습니다. 우리 인간이 벌처럼 작은 뇌를 가진 동물들과 확실히 다른 점이 바로 유연성입니다. 벌들은 유전자상에 설정되어 있는 대로 행동하기 때문에 행동 양식에 있어 유연성이 매우 적습니다.

달라이 라마 포유류 중에는 서로 신호를 주고받기 위한 일종의 언어 같은 것이 있지 않습니까? 그런 경우 언어를 사용하지 않는 다른 동물들과 비교해 뇌 작동 방식이 얼마나 다른가요?

조앤 실크 그런 동물들은 뇌가 아주 크고 행동의 유연성도 매우 뛰어납니다. 사회적 학습 능력은 물론 꽤 정교한 사회적 행위를 해낼 수 있는 잠재력도 대단합니다. 일부 동물들의 경우 소속된 사회나 집단에 사회적 행동을 장려하는 속성이 있어서 사회친화적인 것인지 검증해보고 싶기도 합니다. 제 생각에 유인원은 얼마나 영리한가에 따라 한계를 보이는 것이 아니라 그들이 살면서 진화해온 사회적 환경에 따라 한계를 보이는 것 같습니다.

달라이 라마 제가 호기심이 발동해서 그런데요, 질문을 허락해주기 바랍니다. 고마워하는 마음과 이타심은 어떤 관계가 있습니까? 상대의 친절에 감사하는 태도와 이타적인 행동 사이에 어떤 연결 고리가 있을까요?

조앤 실크 수혜자들은 상대의 이타적인 행동을 인식합니다. 암컷 침팬지는 상대가 털 고르기를 해줄 때의 느낌을 확실히 알고 좋아합니다만, 털 고르기를 해주는 상대에게 고마움을 느끼는지는 알 수 없습니다.

달라이 라마 하지만 저는 아직 완벽한 대답을 듣지 못했습니다. 마치 고마움을 모르는 모기 같지요. 많은 동물들이 우리가 먹이를 주고 진심으로 애정을 표현하면 반기고 고마워합니다. 그런데 모기는 내가 기분이 좋고 말라리아에 걸릴 위험이 없다는 확신이 들 때 기꺼이 내 피를 내주는데도 불구하고 고마워하는 기색이 조금도 없습니다! 교수님과 과학자분들에게 이 얘기를 수 차례 했습니다.

제가 궁금한 것은 우리가 벌에게서 볼 수 있는 사회친화적인 행동을 이타적 행위라고 특징지을 수 있는가 하는 점입니다. 원래 그렇게 고정되어 순전히 생물학적인 이유 때문에 그렇게 행동하는 것이라면 그 행동을 이타적이라고 규정하는 것이 과연 옳은지 의문입니다. 지각이 없는 존재인 식물들도 환경에 적응하고 무리에 반응하는 능력이 어느 정도는 있습니다. 순전히 화학적이고 생물학적인 반응입니다. 아주 작은 동물들도 생존을 위한 생물학적 이유 때문에 그러는 것이겠지요? 거의 자동화된 행동 같습니다.

조앤 실크 물론이죠. 맞습니다. 하지만 이 질문의 답은 저보다 달라이 라마께서 더 잘 아시는 것 같습니다.

달라이 라마 저는 그저 추측할 뿐입니다. 그럼에도 몇 마디 덧붙여보면, 종합적인 관점이 중요하다고 생각합니다. 지능이 더 뛰어나면 좀더 큰 그림을 볼 수 있고, 그러면 다른 사람의 행복에 관심을 갖게 되고, 그 가치를 알게 되어 비로소 도움을 주려고 합니다.

우리 인간에게는 지능이 있고, 또 멀리 내다보거나 전체적으로 보는 능력이 있어서 이따금 당장은 희생을 감수하고 고생을 자초하더라도 장기적인 이익을 도모합니다. 어떤 경우에는 동물들도 내년이나 다음 달, 혹은 자식들을 고려하여 이익을 따질 수 있을지도 모릅니다. 하지만 그 외에는 동물들이 종합적인 관점에서 미래를 내다보는 능력이 있다고 생각하지 않습니다.

따라서 자비심과 관련해 서로를 보살피는 인간의 태도는 살아남기 위한 생물학적 본능이라고 생각합니다. 어떤 사람이 다른 사람의 생존을 위해 에너지와 노력을 기울이려면 그 사람에게 의지가 있어야 합니다. 그 의지는 이타심과 호의, 애정과 책임감에서 비롯됩니다. 물론 집착과도 밀접한 관련이 있습니다. 그래도 괜찮습니다.

5장 고통의 해독제로서 보살피는 마음

현대 뇌과학과 명상 수행을 통해 우리는
변화의 가능성을 보았다.
물론 바라기만 해서는 변화가 일어나지 않는다.
이타적 사랑과 자비심도 다른 능력처럼
후천적 노력으로 계발할 필요가 있다.

- 과학자에서 승려로, 마티외 리카르

마티외 리카르

Matthieu Ricard

네팔 카트만두에 있는 세첸 사원Shechen Monastery에서 수행하는 불교 승려다. 프랑스 파스퇴르 연구소the Pasteur Institute에서 세포유전학 박사 학위를 받았으며, 저명한 티베트 스승인 캉규르 린포체Kangyur Rinpoche와 딜고 키엔체 린포체Dilgo Khyentse Rinpoche 밑에서 수학했다. 1989년부터 달라이 라마의 프랑스어 통역사로 활동하고 있다. 여러 권의 저서를 펴낸 작가이자 사진가로도 활동하며 티베트와 네팔, 인도에서 진행되는 인도주의 프로젝트에 도서 판매 수익금을 기부하고 많은 시간을 할애해 직접 참여하고 있다.

마티외 리카르는 불교에서 자비와 무지, 고통과 행복을 어떻게 이해하는지 설명하며, 간호사들이 끊임없이 다른 사람의 고통을 지켜봐야 하는 탓에 감정 고갈을 경험하게 되는 현상을 사례로 든다. 오랫동안 명상 수행을 하고 타니아 싱어의 실험에 직접 참여한 경험을 기초로 자비 명상과 이타적 사랑이 해독제로서 잠재력이 있다고 주장한다.

독재자에게도 자비심을 가져야 하나?

불교에서는 이타적 사랑을 모든 중생이 행복해지고 행복의 근원을 발견하길 바라는 마음이라고 정의합니다. 이렇듯 조건 없이 사랑하는 마음이 고통을 접하면 자연스럽게 자비심으로 바뀝니다. 이는 모든 존재가 고통과 고통의 원인으로부터 벗어나기를 바라는 마음입니다. 이타적 사랑과 자비심은 단순히 착한 행동에 대한 보상이 아닙니다. 한편, 나쁜 행동에 대한 벌로 이타적 사랑과 자비심을 베풀지 않는다면 그 또한 진정한 의미의 이타적 사랑과 자비심이라 할 수 없습니다. 자비심이란 상대가 누구든, 어떤 고통을 겪고 있든 상관없이 그 모든 고통을 제거하고자 하는 바람입니다.

이타적 사랑과 자비심은 사람들의 행동 방식이나 그들이 남을 대하는 방식에 따라 일어나고 사라지는 것이 아닙니다. 이러한 관점에서 보면 자비심이 개인적인 앙숙은 물론 많은 사람들에게 엄청난 고통을 안겨주는 인류 전체의 적에게까지 확대될 수 있습니다. 그렇다고 그 사람을 좋아하거나 그의 행동을 용인한다는 뜻이 아닙니다. "어쨌거나 그는 그렇게까지 나쁜 사람이 아니다"라고 두둔하며 그의 성공을 염원하는 것도 아닙니다. 독재자를 향한 자비심은 그 사람을 그렇게 나쁜 사람으로 만든 원인이 사라지기를 바라는 마음입니다.

'그 사람의 마음에서 증오와 탐욕, 잔인함과 무심함이 씻겨나가기를……'

이는 인류를 위해 우리가 할 수 있는 최선의 소망입니다. 독재자를 위해서도 최선의 바람입니다. 이런 틀 안에서 자비심과 이타심은 도덕적 판단과 별개로 오로지 고통을 없애고 행복을 늘리는 데 집중합니다. 물론 도덕적 판단이 생길 수 있고 당연히 그래야 하지만, 도덕적 판단이 자비심을 방해하거나 약하게 만들어서는 안 됩니다.

이타심이 편향되어서는 안 되는 이유가 바로 여기에 있습니다.

고통받지 않을 권리

이타심은 우리가 소중하게 여기는 대상이나 우리에게 잘해주는 사람, 혹은 남에게 잘하는 사람에게만 국한되어서는 안 됩니다. 모든 존재에게 예외 없이 적용되어야 합니다. 남의 행복, 모든 존재의 행복을 진심으로 소중하게 생각해야 합니다. 다시 말씀드리지만 이타심은 우리가 아끼는 사람에게만 발휘하는 것이 아니며, 그 대상이 인간으로만 한정되지도 않습니다.

흔히 동물을 대하는 방식을 보면 남의 고통을 상상하지 못하는 우리의 모습이 드러납니다. 물에서 물고기를 낚을 때, 자기 자신이 쇠갈

고리에 걸려 물 밖으로 끌려나오는 기분을 상상하지는 않지요. 물고기의 처지에서 그 상황이 얼마나 고통스러울지를 상상하는 것은 불가능한 일입니다. 다른 존재의 관점에서 보는 것은 모든 중생이 똑같다는 사실을 소중히 여기는 토대가 됩니다. 누구도 고통받고 싶은 존재는 없을 겁니다. 아침에 일어나자마자 "종일 고통받게 해주십시오. 가능하다면 평생 그럴 수 있기를 바랍니다" 하고 기도하는 사람은 아무도 없습니다. 이처럼 모든 존재가 갖고 있는 가장 기본적인 권리는 고통받지 않는 것입니다. 먼저 우리 자신에게 이런 권리가 있음을 인식한 다음 타인에게도 똑같은 권리가 있음을 깨달으면, 결국에는 모든 생명을 염려하는 마음을 갖게 됩니다. 이것이 핵심입니다.

여기서 더 나아가 자비심이 고통과 고통의 원인을 없애는 것과 관련 있다고 할 때는 고통의 원인이 무엇인지도 이해해야 합니다. 불교에서 고통은 단순히 지끈지끈한 두통 혹은 대학살 같이 참혹한 것만을 의미하지 않습니다. 불교에 따르면 고통을 일으키는 훨씬 근본적인 원인은 현실을 왜곡해 무엇이든 있는 그대로 보지 못하는 태도에 있습니다. 현실에 증오와 갈망, 오해를 덧씌울 때 그러한 왜곡이 일어날 수밖에 없습니다. 그래서 이 같은 고통의 근원을 우리는 '무지ignorance'라고 부릅니다. 무지하다는 것은 전화번호부를 통째로 외우지 못하는 것처럼 단순히 아는 것이 적다는 의미가 아닙니다. 그보다 깊은 의미의 무지를 뜻합니다. 현실이 지닌 본질적 의미를 이해하지 못하고, 모든 현상이 영원하지 않음을 인식하지 못하며, 자신을 독립적이고 완벽하며 언제까지나 지속되는 존재로 파악하는 것입니다. 이 모든 곡해가 정신적으로 고통을 일으킵니다.

이타심을 학습할 수 있을까요? 자비심을 배울 수 있을까요? 네, 그럴 수 있습니다. 우리 마음에는 변화할 수 있는 잠재력이 있지만 과소평가되고 있습니다. 우리는 태어날 때부터 무엇이든 잘할 수 있는 사람은 없다는 사실을 알고 있습니다. 때문에 15년 혹은 그 이상의 시간을 교육을 받는 데 할애합니다. 그런데 어찌 된 일인지 자비심이나 이타심은 타고나는 자질이라고 생각합니다. 사람들은 "나는 원래 그래요"라고 말합니다. 하지만 현대 뇌과학과 명상 수행은 우리가 바뀔 수 있다는 가능성을 보여줍니다. 물론 바라기만 해서는 변화가 일어나지 않습니다. 변화가 일어나도록 뭔가 해야 합니다. 이타적 사랑과 자비심도 다른 능력처럼 후천적 노력으로 계발할 필요가 있습니다.

공감 피로 증후군

우리는 종종 '공감 피로compassion fatigue'라는 말을 듣습니다. 간호사처럼 도움이 필요한 이들을 보살피는 직업에서 주로 나타나는 현상입니다. 이런 직업을 가진 이들은 반복적으로 다른 사람의 고통을 접하기 때문에 정서적으로 탈진 상태에 이를 수 있습니다. 타니아 싱어와 다른 연구자들이 실험한 바에 따르면, 우리가 타인의 고통을 인지할 때 우리 뇌에서 활성화되는 부위는 우리 앞에서 직접 고통을 겪고 있는 당사자의 뇌에서 활성화된 부위와 거의 동일합니다. 그저 상상하는 수준이 아니라 정말로 괴로워하는 것입니다.

그러니 간호사가 처한 상황을 생각해보십시오. 그들이 돌보는 환자가 회복되면 좋겠지만 죽을 수도 있습니다. 다행히 환자들이 몇 년씩 계속해서 극심한 고통과 싸우는 일은 드뭅니다. 하지만 매일매일 이 환자에서 저 환자로 옮겨 다니며 다른 사람의 고통을 접해야 하는 간호사들은 환자를 대할 때마다 괴로울 것입니다. 실제로 간호사들은 공감이 일으킨 공명 때문에 늘 괴로워합니다. 이따금 그 고통이 '번아웃' 혹은 공감 피로에 따른 완전한 감정 고갈로 이어지기도 합니다.

그러니 어떻게 해야 할까요? "너무 벅차" 하며 일을 그만두거나 "그렇게 감정적이어서는 안 돼" 하고 결단을 내립니다. 자신과 환자 사이에 정서적 거리감을 두는 것이죠. 하지만 이는 좋은 방법이 아닙니다.

타인의 고통에만 집중하기 vs 타인의 고통에 사랑 보내기

그러면 달리 방법이 있을까요? 타니아 싱어와 함께한 실험에서 이 문제를 파고들었습니다. 타니아 싱어가 저에게 요구한 사항은 다른 사람의 고통을 상상하며 그 고통을 느끼는 데 집중하되 이타적 사랑이나 자비심이 생기지 않도록 하는 것이었습니다. 물론 달라이 라마께서 말씀하신 대로 자비심은 순전히 자발적으로, 자연스럽게 생겨나는 것이 정상입니다. 우리는 다만 연구 목적으로 고통스럽다는 사실 자체에만 집중하려고 거듭 노력했습니다.

그래서 어떤 결과가 나왔을까요? 저는 한두 시간 만에 기력이 완전히 소진되어 괴롭고 무기력해졌습니다. 이타적 사랑을 배제한 채 다른 사람의 고통에 공감하면 할수록 담력이 빠져나가 허물어지고 만 것입니다. 상당히 충격적인 경험이었습니다만, 개인적으로 사랑과 자비심이 만들어낼 수 있는 중요한 차이에 관한 멋진 깨달음을 얻을 수 있었습니다.

얼마 후 타니아 싱어는 제게 고통 자체에만 관심을 기울이던 태도를 바꿔 자비 명상을 시도하라고 요구했습니다. 그러자 마치 봇물 터지듯 이타적 사랑이 흘러넘치는 느낌이 들었습니다. 머릿속에서는 다른 사람의 고통을 이루던 원자 하나하나가 자비와 사랑의 원자로 바뀌는 상상의 나래가 펼쳐졌습니다. 완전히 다른 경험이었습니다. 고통은 여전히 있고 그것을 느끼지만, 이번에는 훨씬 폭넓고 긍정적이며 건설적이고 용기 있는 이타적인 사랑으로 완전하게 끌어안은 것입니다.

이 실험에서처럼 고통의 울림만 있는 '나 홀로 공감stand-alone empathy'은 참을 수 없는 괴로움으로 이어질 수 있습니다. 어찌 보면 물이 말랐는데도 계속 돌아가는 전기 펌프와 닮았습니다. 그 경우 펌프는 금세 열이 달아올라 타버리고 맙니다. 간호사들 중 애정이 넘치고 자비로운 성품을 가진 이들은 절대로 기력이 소진되지 않습니다. 하지만 그렇지 않은 대다수는 리처드 데이비슨과 타니아 싱어의 발표에서 소개한 자비 훈련으로 큰 변화를 이끌어낼 수 있을 것입니다. 실제로 이 훈련을 몇 주간 받고 나면 공감에 따른 염려가 눈에 띄게 강해지고, 보살핌의 진정한 의미에 대해서도 더 많이 자각하는 것으로 나타났습니다.

자애심과 자비심을 기르는 이런 훈련은 의료 분야에 엄청난 성과를 가져다주고, 보살핌을 제공하는 이들이 환자는 물론 자기 자신에게도 훨씬 이로운 방식으로 자신에게 주어진 사명을 다하도록 도울 것입니다.

2부

인간의 이타적 본능, 경제학으로 증명하다

6장 — 이타심을 증명한 사회적 딜레마 실험

대다수는 상대가 이타적일 것이라고 믿으며,
실제로 꽤 많은 사람들이 이타적으로 행동한다.
인간은 충분히 이타적이며,
이타주의는 서로에게 이익이 되는 경제 교환을 확대시킬 수 있다.

- 미시경제학자, 에른스트 페르

에른스트 페르

Ernst Fehr

취리히대학의 경제학과장으로 미시경제학과 실험경제학을 가르친다. 그의 연구는 경제학에서 얻은 통찰을 사회심리학, 사회학, 생물학, 그리고 뇌과학과 접목해 현대 경제학이 지닌 사회학적·심리학적 특성을 밝혀내는 것이 특징이다.

에른스트 페르가 실시한 사회적 딜레마 실험은 이타주의에 대한 사람들의 기대와 실제 이타주의를 동시에 추적함으로써 이기심을 유일한 동기 요인이라고 보는 경제학의 오래된 통념에 이의를 제기한다. 에른스트 페르는 이와 함께 이타적 징벌이라는 개념을 소개하고, 사회적 의무에 대한 책무성이 중요하다는 사실을 증명한다.

이타주의에 대한 주류 경제학자들의 태도

먼저 경제학자들이 이타주의를 어떻게 생각하는지 소개하겠습니다. 제가 정의하는 이타주의는 이렇습니다.

"누군가 스스로 어떤 대가를 감당해야 함에도 불구하고 다른 사람에게 이익을 줄 수 있는 방식으로 행동한다면 그 행동은 이타적이다."

그 사람이 향후 자신에게 돌아올 수 있는 직·간접적인 이익을 바라지 않았더라도 결과적으로 심리적 혜택을 경험할 수 있습니다. 이타적으로 행동한 덕분에 기분이 좋아질 수 있는 것입니다. 앞에서 내린 정의대로라면 그 행동 자체는 여전히 이타적입니다.

예를 하나 들어보겠습니다. 제가 만약 제 자식들이나 친구 또는 재난 피해자들을 도우려는 의도에서 경제적 부담을 기꺼이 짊어진다면, 그리고 그것이 세금 환급과 같이 향후에 경제적 혜택을 받기 위해서가 아니라면, 그 행동은 이타적이라고 볼 수 있습니다. 자선단체에 돈을 기부하고 흐뭇한 기분이 들었더라도 그 행동은 여전히 이타적입니다.

그렇다면 이런 정의에 들어맞는 이타주의가 실제로 있을까요? 노벨 경제학상 수상자 두 명의 말을 인용해보겠습니다. 먼저 1982년 수상자 조지 스티글러George Stigler가 한 말입니다.

"이기심과 윤리적 가치가 충돌하면 윤리적 가치를 지지한다고 말하는 이들이 아무리 많아도 사실상 이기적인 논리가 승리하는 경우가 대부분이다."[1]

2009년 수상자 올리버 윌리엄슨Oliver Williamson은 좀더 강한 메시지를 남겼습니다.

"인간은 교활한 방법으로 사리사욕을 추구한다. 그중에는 거짓말을 하거나 훔치거나 부정을 저지르는 것처럼 아주 노골적인 방법을 쓸 때도 있지만 교묘한 속임수를 쓸 때가 더 많다."[2]

이 의견은 단지 하나의 믿음에 불과하다는 점을 기억할 필요가 있습니다. 문제는 경제학 분야 전체가 이러한 믿음에 사로잡혀 있다는 것입니다. 이것이 사실에 근거한 것이 아님에도 말입니다.

사람들은 이런 말을 받아 적으면서도 그 말을 곧이곧대로 '믿었을' 뿐 그것이 진실인지는 별개의 문제라는 것조차 알아채지 못했습니다. 20~25년 전에 제가 연구를 시작했을 당시 경제학 분야에서는 이런 태도가 지배적이었습니다. 그런 까닭에 최근까지도 이타주의를 연구하겠다고 생각한 경제학자는 몇 되지 않았고, 이타주의는 기껏해야 이기적인 행동들 사이에서 드물게 나타나는 이례적인 현상으로 간주되었습니다.

기존 경제학의 관점을 뒤집은 사회적 딜레마 실험

저는 동료들과 함께 오래전부터 이런 관점에 이의를 제기하며 수년에 걸쳐 경제적 교류에 나타나는 이타주의를 연구해왔습니다. 다른 발표자들이 지적했듯이 이타주의를 실증적으로 연구하는 것은 어려울 수 있습니다. 그럼에도 우리가 진행했던 대표적인 실험을 소개하고 거기서 얻은 흥미로운 결과를 말씀드리겠습니다. 바로 '사회적 딜레마 실험'입니다. '신뢰 게임' 혹은 '신뢰 실험'이라고 불리기도 하는데, 왜 그렇게 불리는지 곧 알게 됩니다.

실험 내용은 이렇습니다. 서로 알지 못하는 두 사람이 익명으로 짝을 이루고, 한 사람을 A, 다른 한 사람을 B라고 합니다. 한 사람당 기본 자금으로 10달러가 지급됩니다. A는 10달러 중 일부 혹은 전부를 B에게 줄 수 있습니다. 연구자는 A가 B에게 주기로 결정한 금액만큼 더 보태 B에게 보냅니다. 제가 만약 1달러를 송금하면, 상대가 실제로 받는 돈은 2달러가 되는 겁니다. 제가 10달러를 보내면 상대는 20달러를 받겠지요.

그런 다음 B도 A에게 돈을 보냅니다. A와 마찬가지로 보낼 수 있는 금액은 0~10달러입니다. 이번에도 보내기로 결정한 금액을 연구자가 두 배로 늘려줍니다(그림 6.1 참조).

인위적인 실험인 것 같지만 사실 경제적 교환의 핵심이 담겨 있습니다. 제가 가진 물건이 상대에게 더 값어치 있고, 상대가 가진 물건이 제게 더 값어치 있을 때, 그 물건들을 교환하면 우리 둘 다 이익이지요. 다만 이 실험에서는 이 같은 거래가 순차적으로 일어나도록 장치를 해두었습니다. 제가 먼저 선택하고, 그다음에 상대가 선택할 수 있

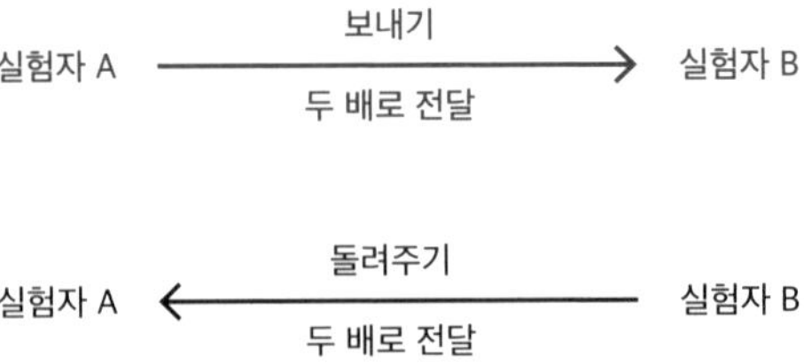

그림 6.1 사회적 딜레마 실험
서로를 알지 못하는 두 사람이 A와 B라는 익명으로 짝을 이루고 10달러씩 받았다. A가 B에게 10달러 이내에서 돈을 보내기로 결정하면 실제로는 연구자가 그 두 배의 금액을 B에게 준다. 그런 다음에는 같은 방식으로 B가 A에게 돈을 보낸다. 이처럼 자발적이고 순차적인 거래는 딱 한 번으로 끝나며, 컴퓨터 모니터상으로 거래가 이뤄지기 때문에 짝이 된 두 사람은 서로 얼굴을 볼 일이 없다.

는 방식입니다.

원칙적으로는 제가 가진 돈을 상대에게 모두 보내더라도 상대는 고맙다는 말만 하고 제게 한 푼도 되돌려 보내지 않아도 됩니다. 우리는 서로에 대해 알지 못하고, 다시 만날 일도 없을 테니까요. 상대가 제게 친절을 베푼다고 해서 나중에 이득을 볼 일은 전혀 없습니다. 상대는 이미 제 돈을 받았기 때문에 자기 돈을 제게 보내서 얻을 수 있는 물질적 혜택이 없는 겁니다. 그럼에도 불구하고 상대방이 제게 돈을 보낸다면 그건 이타적인 행동이라고 볼 수 있습니다. 그렇게 행동하도록 동기를 부여하는 요인은 이타심 말고는 아무것도 없기 때문입니다.

B가 돌려주는 게 있다면 그것은 이타심을 나타내는 훌륭한 척도가 됩니다. 우리는 이 거래에서 또다른 사실도 알아냈습니다. A가 B를 이타적인 사람이라고 믿는다면 A에게는 돈을 보낼 이유가 생깁니다. 거래가 잘 되면 돈이 두 배로 불어나니까요. 따라서 A가 돈을 보낸다는

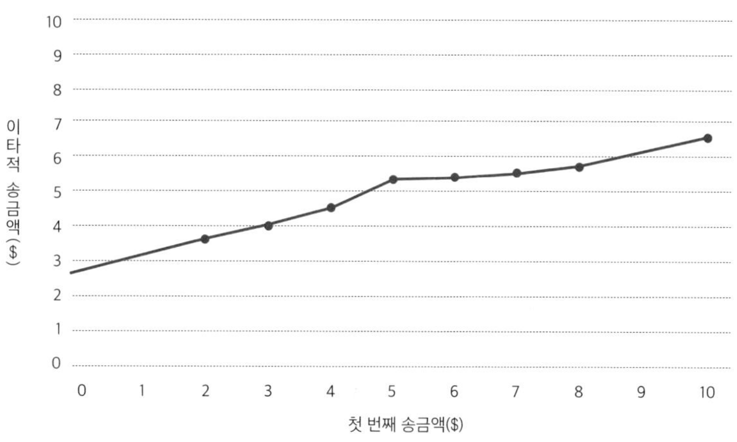

그림 6.2 사람들은 이타적으로 되돌려주는가?

것은 상대방이 이타적일 것이라고 신뢰한다는 의미입니다. 결국 우리는 이 실험에서 아주 중요한 두 가지, 즉 다른 사람의 이타심에 대한 신뢰 정도와 실제 이타심을 측정할 수 있었습니다. 실험에서 짝이 된 두 사람이 전에 한 번도 만난 적 없는, 모르는 사이라는 점이 아주 중요합니다.

독일에서 약 1,000명의 대표집단representative population을 상대로 실험해본 결과, A가 2달러를 보내면 B는 평균 3.5달러를 되돌려 보냈습니다. A가 10달러를 보냈을 때 B가 돌려보낸 금액은 평균 6.5달러였습니다. 중요한 것은, 이 금액이 이타심을 나타낸다는 사실입니다. 비록 공평하지 않은 면이 있기는 하지만요.

혹자는 이렇게 말할지도 모릅니다.

"10달러? 겨우? 금액이 많지도 않네. 10달러밖에 안 되니까 이타적으로 행동할 수 있겠지."

하지만 100달러로 실험해봐도 결과는 마찬가지입니다. 금액을 석 달 치 임금으로 올려 실험해도 사람들은 똑같이 행동합니다. 그러나 물가가 비싼 스위스에서는 석 달 치 임금을 감당하기가 힘들어 100스위스프랑(약 11만 원)이 꽤 큰 가치를 지니는 나라에서 실험을 해봤습니다.

그 결과 이타심은 비용이 적게 들 때에만 일어나는 현상이 아니라는 것이 확실하게 드러났습니다. 상당한 금액의 돈을 다룰 때에도 이타심이 발휘되었습니다. 이타심은 우리 눈으로 볼 수 있고, 수치로 나타낼 수 있으며, 다른 사람의 이타심을 신뢰하는 정도도 가늠해볼 수 있습니다.

이타적 징벌

마지막으로 비교적 최근에 알려진 이타적 행위의 또다른 면을 살펴보겠습니다. '이타적 제재' 혹은 '이타적 징벌'이라고 부르는 흥미로운 개념입니다. 자기 모순적으로 들리지요. 다른 사람에게 벌을 주면서 어떻게 이타적일 수 있을까요? 사회적 딜레마를 확장한 형태의 실험으로 이 개념을 설명할 수 있습니다.

실험 내용은 이렇습니다. 마티외와 제가 게임을 하고, 그 모습을 지켜보는 관찰자, 즉 제3의 인물이 추가됩니다. 마티외와 저는 서로 누구인지 모르고 게임을 하지만 관찰자, 예를 들어 타니아는 우리 둘을 볼 수 있습니다. 타니아는 마티외가 제게 10달러를 보내고, 제가 한 푼도 돌려보내지 않는 모습을 지켜봅니다. 어찌 보면 제가 마티외를 기만한 것이죠. 마티외는 제가 이타적일 것이라고 믿었는데 제가 한 푼도 돌려보내지 않았으니까요. 이 실험의 흥미로운 면은 타니아에게 저를 벌할 수 있는 선택권이 있다는 사실입니다. 어떻게 벌을 줄까요? 타니아가 사전에 지급받은 현금 중 1달러를 저를 벌하는 데 쓰겠다고 선택하면 제 몫의 현금에서 3달러가 사라집니다.

그런데 타니아는 왜 저를 벌주려고 할까요? 마티외와 저 사이에는 암묵적이지만 지켜야 할 의무가 있습니다. 마티외가 제게 돈을 보내면 저도 뭔가 돌려줘야 하는 겁니다. 그런데 제가 그 사회적 의무를 어겼으니 타니아가 저를 벌주려는 것입니다. 중요한 사실은, 제가 오늘 타니아로부터 벌을 받으면 아마도 내일은 다른 누군가를 기만하지 않을 것이라는 점입니다. 나의 이기적인 행동을 지켜보고 제재를 가하는 사람이 있다는 사실을 알았으니까요. 이렇듯 미묘한 방식으로 징벌이 이타적인 기능을 하기도 합니다. 징벌로 인해 제가 좀더 사회친화적으로 행동하게 되었으니까요.

리처드 데이비슨도 앞서 비슷한 실험을 설명했습니다만 몇 가지 중요한 차이가 있습니다. 그가 설명한 재분배 게임은 거래가 아니라 일방적인 전달이었습니다. A가 B에게 돈을 주더라도 B는 A에게 돌려줄 수 없었습니다. 반면 우리가 진행한 사회적 딜레마 실험에서는 상호주의가 일어날 수 있습니다. 또한 재분배 게임에서는 없었던 '신뢰'라는 면이 추가되었지요. 마지막으로, 확장된 사회적 딜레마 실험에서는 두 사람이 거래한 금액을 제3자가 재분배할 수 없는 대신에 B의 행동을 지켜본 뒤에 제재를 가할 수 있었습니다.

이타주의의 경제적 역할

달라이 라마와의 대화

달라이 라마 이타적 징벌에 관한 실험은 불교에서 이해하는 징벌의 가치와 상당히 유사합니다. 승가 계율monastic discipline만 보더라도 징벌은 한 번 잘못한 일을 나중에 다시 반복하는 일이 없도록 하는 데 목적이 있습니다.

에른스트 페르 전적으로 같은 생각입니다. 우리가 이따금 아이들을 혼내는 것도 나쁜 버릇이 생기지 못하게 하려는 이타적인 동기에서 그러는 것이지요.

달라이 라마 제 어릴 적 경험을 자주 예로 듭니다만, 학생 시절 선생님은 옆에 늘 회초리를 두고 계셨어요. 아주 가혹한 이타주의지요!

에른스트 페르 이제 문제는 실험에서 타니아가 저를 좀더 사회친화적으로 만들기 위해 돈을 쓰는지 여부입니다. 실제로 실험 참가자 중 절반 정도가 다른 사람을 제재하기 위해 돈을 썼습니다. 이타적으로 징벌을 가한 것입니다. 이러한 실험 결과는 경제적 삶이나 사회적 삶에 아주 중요한 영향을 미칩니다. 지금 말씀드릴 수 있는 것은 대다수가 다른 사람이 이타적일 것이라고 신뢰하며, 실제로 꽤 많은 사람들이 이타적으로 행동한다는 사실입니다.

아직 해결되지 않은 중요한 문제가 한 가지 있습니다. 사람들의 동기요인과 인성이 어느 정도까지 바뀔 수 있느냐 하는 문제입니다. 우리는 사람들이 이기적으로 행동하는 모습도 많이 봅니다. 모든 사람들이 이타적으로 행동하는 것은 아닙니다. 이 사실이 중요한 이유는, 어떻게 하면 이기적인 사람들의 행동을 사회친화적인 방향으로 돌릴 수 있을지 고민하게 만들기 때문입니다.

이 문제가 왜 중요한지 말씀드리면, 이타주의는 사회 보험 기능을 합니다. 이타적인 사람들은 어려운 처지에 있는 이들을 도와주거든요. 복지 시스템이 없다면 기댈 수 있는 것은 이타주의밖에 없습니다. 사실상 복지 시스템 자체도 어떤 면에서는 이타적인 노력으로 만들어진 결과물이라고 주장할 수 있습니다.

또한 이타주의는 서로에게 이익이 되는 경제 교환을 확대시킬 수 있습니다. 사회에 이타적으로 행동하거나 이타적으로 제재를 가하는 사람들이 있으면 우리는 전보다 사회적 의무를 더 잘 지키려 할 것이기 때문입니다. 이타주의는 인간적인 문화와 현대 민주주의, 그리고 개인의 자유에 중요한 기반이 되는 협력 규범을 강화시킵니다.

7장 이타주의를 지향한 최초의 경제 모델

우리는 내적 자원을 중요하게 반영하는 형태로
경제학의 프레임을 바꿀 수 있다.
널리 베푸는 태도는 언제나 상대방과 당사자
모두에게 이익이 되는 '윈-윈' 게임이다.

- 종교학자, 존 던

존 던

John Dunne

에모리대학교 종교학과 부교수 재직 당시 명상 연구를 위한 학자들의 모임인 에모리 합동연구단the Emory Collaborative for Contemplative studies을 공동 설립했다. 그의 연구는 불교 철학, 인지 과학, 명상 수행의 다양한 면을 살펴보는 데 초점을 맞추고 있다. 현재 위스콘신대학 매디슨 캠퍼스 건강한 마음 연구센터 대표를 맡고 있다.

티베트 불교에 따르면 진정한 행복은 내적 자원에 기초하며, 그 내적 자원은 올바른 지식과 관점, 수행이 뒷받침되면 무한정 계발할 수 있다. 존 던은 종교와 무관한 세속적인 훈련으로도 내적 자원을 계발할 수 있는 방법을 설명하고, 타라 툴쿠 린포체Tara Tulku Rinpoche가 처음 제안했던 일종의 불교 경제학 모델을 소개한다. 또한 이타주의를 장려하려면 개인과 시스템 중 어느 쪽을 변화시키는 편이 더 효과적일지 논의한다.

경제적 비용과 이타심의 상관관계

경제적 비용이 이타주의와 자비심에 미치는 영향은 무엇일까요? 예를 들어 에른스트 페르와 제가 확장된 형태의 신뢰 게임을 한다고 할 때, 에른스트가 제게 10달러를 보내고 제가 다시 5달러를 돌려보낸다면, 지금까지 살펴본 정의에서는 제 행동이 이타적인 것으로 간주됩니다.

그런데 저는 무엇 때문에 에른스트에게 5달러를 돌려줄까요? 이기적으로 행동하면 게임에 참여한 또다른 누군가가 나에게 벌을 줄지 모른다는 두려움 때문입니다. 따라서 제 행동의 동기요인은 에른스트를 이롭게 하기 위해서가 아니라 저 자신을 보호하기 위해서입니다.

불교의 관점에서 보면 똑같은 비용이 들었더라도 진정으로 다른 사람에게 도움을 주려는 목적에서 비롯된 행동과 다른 목적이 있는 행동을 구분하는 것이 매우 중요합니다. 티베트어로 일반적인 동기를 나타내는 단어는 '쿤 롱kun long'입니다. 지금 우리가 이야기하고 있는 '다른 사람을 돕고자 하는 동기'는 '쎈 펜 게 쿤 롱shen pen ge kun long'

이라고 합니다.

이 같은 동기가 의미하는 바를 이타심이나 이타적 행동과 연결시켜 보면, 우리가 다른 사람을 돕고자 하는 마음이 있을 때에는 그 결과가 징벌의 형식을 빌리더라도 이타적 행동으로 볼 수 있다는 뜻입니다. 가령 확장된 신뢰 게임에서 제가 에른스트에게 돈을 돌려보내지 않았다는 이유로 다른 참여자들이 저에게 벌을 준다면, 그것은 그들이 제게 화가 났기 때문입니다. 불교적 관점으로 보면 이타적이라고 보기 어렵지요. 하지만 제 나쁜 버릇을 없애고, 또 한편으로는 에른스트를 도와 제가 다시는 그에게 이기적으로 굴지 않게 하려고 벌을 주는 것이라면 이타적이라고 볼 수 있습니다. 결국 여기서 가장 중요한 것은 동기요인, 즉 '쿤 롱'입니다.

이와 관련한 한 가지 의문은 순수하게 이타적인 행동이 있을 수 있느냐 하는 것입니다. 이는 단지 비용 문제가 아닙니다. 등식에 비용을 적용하면 순수한 이타주의는 어려운 문제가 됩니다. 하지만 비용 문제를 제외하고 동기만 보면 순수한 이타주의가 가능합니다. 아주 간단히 말씀드리면, 불교에서는 이타적으로 행동하면 결국 그 자신도 혜택을 보게 마련이라고 여깁니다. 정신이 밝고 건강해지니까요. 따라서 이타적으로 행동한 당사자가 아무런 혜택을 보지 않는 이타적 행위는 사실상 있을 수 없습니다. 모순적인 개념이지요. 만약 이타주의를 단지 남에게 혜택을 주려는 의도로 행동하는 것이라고 정의한다면 순수한 이타주의는 있을 수 있습니다. 이타적으로 행동한 사람이 의도하지 않은 어떤 혜택을 받게 되더라도 말입니다.

이타심을 키우는 법

이 문제를 좀더 명확히 하기 위해 불교적 맥락에서는 이타주의와 자비심을 어떻게 기르는지 좀더 자세히 살펴보겠습니다.

불교 수행의 중심 목표는 자비심과 이타심을 이루는 자발적인 태도와 성향, 습관을 기르는 것입니다. 우리가 수행이라고 할 때는 정말로 불교적인 맥락에서 말씀드리는 것입니다만, 요즘은 이타심과 자비심을 기르기 위한 대중적인 훈련 방식을 개발하려는 노력과 시도가 다양하게 진행되고 있습니다. 툽텐 진파도 스탠포드대학교의 자비심과 이타심 연구 교육센터the Center for Compassion and Altruism에서 진행하는 프로그램에 참여하고 있으며, 에모리대학교에서는 제 동료 게쉐 로브상 텐진Geshe Lobsang Tenzin이 대중적인 자비심 훈련 방법을 개발하고 있습니다. 제가 알기로는 타니아와 리처드의 연구실에서도 비슷한 작업을 하고 있는 것으로 압니다. 따라서 자비심과 자비심에서 비롯된 이타적인 행동을 효과적으로 육성하려면 대중적인 훈련 방식에 어떤 요소가 반드시 포함되어야 하는지가 대단히 중요한 부분입니다.

주요 요소 중 하나는 기본적으로 인간이 평등하고 동등하다는 사실을 인식하는 태도입니다. 이 생각은 일종의 불교 교리axiom에 근거하고 있습니다. 인간의 행동을 이해하는 한 가지 방법은 생식 본능입니다. 이런 얘기는 아마 생물학적인 맥락에서 들어보셨을 것입니다. 그러나 불교에서는 모든 중생의 행동을 자극하는 실제 요인을 행복 추구라고 봅니다. 이러한 관점은 우리로 하여금 모든 사람을 동등한 존재로 인식하게 만듭니다. 다시 말하면, 누구나 행복을 추구하고 고통을 피하고자 하며, 그것이 가장 일반적이고도 근본적인 동기요인이라는 사실이 우리 모두를 동등하게 만듭니다.

모든 존재를 근본적으로 동등하게 본다면, 이타심과 자비심을 편향적이고 편파적으로 만드는 내집단/외집단 구분을 없앨 수 있습니다. 그러기 위해 우리가 꼭 해야 할 일을 뇌과학적으로 표현하면, 이런 내집단/외집단 구분을 차단하고 어느 쪽으로도 치우치지 않은 보편적인 자비심을 계발하는 것입니다. 그뿐 아니라 단기적 목표만 보지 않고 장기적인 목표도 함께 봐야 합니다. 이렇게 할 수 있는 능력은 우리가 사고력과 시각화 요령 혹은 시각화 훈련을 어떻게 활용하느냐에 달렸습니다.

이런 개념을 멋지게 요약한 책이 있습니다. 17세기에 산스크리트 시인이자 불교 성인이었던 샨티데바Śāntideva가 쓴 『입보리행론The Guide to the Bodhisattva's Way of Life』입니다. 이 책에서 샨티데바는 이렇게 말했습니다.

"행복은 나와 다른 사람들에게 똑같이 소중하다. 그러니 홀로 나만을 위해 행복을 좇는 일이 뭐 그리 특별하겠는가?"[1]

이런 식의 사고 훈련은 일종의 인지 재평가라고 할 수 있으며, 불교 수행에서는 본격적인 자비심 계발 단계에 돌입하기 전 단계로 꽤 비중 있게 활용합니다.

일단 우리 자신과 다른 사람들을 동등하게 인식할 수 있게 되면, 다시 말해 내집단/외집단 구분이 사라지면 우리는 장기적인 목표를 폭넓게 인식하게 되고 수행 범위를 확대해나갈 수 있습니다.

앞서 달라이 라마도 한 가지 방법을 짧게 언급했지만, 불교에서 수행하는 방식을 보면 자신의 내집단에게 느끼는 자연적인 유대감이나 공감과 관련 있는 신경 생물학적 시스템(타니아 싱어가 관계 중심 시스템affiliative system이라고 불렀던 것)을 활성화시키려 할 때, 가장 애틋한 사람을 대표해 자신의 어머니를 마음속에 그려볼 수 있습니다.

영장류의 경우 이 시스템이 부모 자식 간에 특히 강하게 작용하는 것으로 보입니다. 불교 수행에서는 자신의 어머니 모습을 연상하는 방법으로 이 시스템을 효과적으로 활성화시켜 자연스러운 유대감이나 공감의 장점을 활용합니다. 그런 다음 한 가지 특별한 방법을 써서 그러한 감정을 지각이 있는 모든 존재에게로 확장시킵니다. 이 특별한 방법에 이르는 유명한 티베트어 구절이 하나 있습니다.

"모든 중생은 나의 어머니시다ma gyur sem chen tamche."

이는 어머니와 자식 사이에 존재하는 본능적인 성향을 자비심으로 확장시키는 매우 강력한 도구가 됩니다.

이 수행에는 사고 능력이 아주 중요하게 작용합니다. 문화적 요인도 어느 정도 영향을 미칩니다. 저는 이 방법을 가르치는 여러 현장에서 통역을 맡았습니다. 미국에서 이 방법을 가르치면 틀림없이 "저는 엄마를 좋아하지 않는데요"라고 말하는 사람이 있습니다. 다행인 것은 어머니이건 또 다른 사람이건 우리에게는 자비심을 일으키도록 도와줄 수 있는 누군가가 늘 존재한다는 사실입니다.

그런데 왜 하필 불교 관점에서 본 자비심을 기르려 하는 것일까요? 지극히 실증적인 근거에 기초해서 말씀드리면, 우리는 행복을 추구하지만 타고난 자기중심성 때문에 인식이 왜곡되어 좌절하고 맙니다. 다시 말해, 우리의 이기주의적 성향이 세상에서 경험하는 것들을 왜곡시켜 세상을 올바르게 이해하지 못하도록 합니다. 그리고 세상을 제대로 이해하지 못한 탓에 행복을 위한 시도들이 실패하고 맙니다. 어떤 의미에서 아주 편향된 정보에 의지했기 때문입니다.

다른 사람에 대한 관심을 키우고, 자기중심에서 타인을 향해 태도를 전환함으로써 지혜를 얻고 세상을 정확하게 보는 더 좋은 기회를 잡을 수 있습니다. 또한 다른 사람을 도우려 했다가 자신의 행복이 커지는 부가 혜택도 얻을 수 있습니다. 역설적이게도 누군가 직접적으로 자신의 행복을 늘리려고 한다면, 그래서 이를테면 "에른스트에게 혜택을 줘서 내가 행복해져야지"라고 한다면, 그 바람은 실현되기 어렵습니다. 하지만 에른스트를 돕는 것이 진정한 목적이라면 그때는 행복이 저절로 따라옵니다.

샨티데바의 글에 이런 구절이 있습니다.

"행복하지 않은 사람들은 모두 자기 행복만을 바랐기 때문에 행복하지 않고, 행복한 사람들은 모두 다른 사람이 행복하길 바랐기 때문에 행복하다."[2]

쉽지 않은 일이기도 합니다만, 자기 행복보다 다른 사람의 행복을 더 바라는 사람이 세상에서 가장 행복하다고 강조하고 있습니다.

불교의 자비 수행에는 기본적으로 두 가지 특징이 있습니다. 첫째, 사고 능력을 중시합니다. 달라이 라마께서 앞서 말씀하신 것처럼 내집단/외집단 구분을 없앰으로써 편향된 시각에서 벗어나 폭넓은 관점을 가질 수 있어야 합니다. 둘째, 시각화 기술입니다. 즉 관계 중심 시스템이 활성화되도록 자극하는 이미지, 이를테면 약간의 옥시토신이 분비되도록 도와주는 사건이나 인물을 떠올리는 기술입니다.

문제는 이 두 가지 특징이 자비심을 기르는 일반적인 훈련에서도 효력을 발휘하는 열쇠로 작용하는지 여부입니다. 사고 능력과 시각화 기술이 불교를 벗어난 일반적인 환경에서도 활용될 수 있을까요?

자비심 훈련은 언제 어디서나 가능할까?

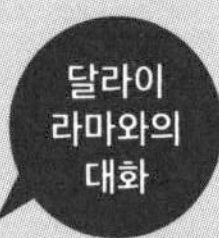

달라이 라마 확실히 오늘날 전 세계는 아주 강하게 연결되어 있습니다. 상호의존적이지요. 이것이 우리의 새로운 현실이라고 생각합니다. 전 세계가 나의 일부이지요. 우리가 원하든 원하지 않든 현실이 그렇게 되어버렸습니다. 스위스 역시 다른 나라들로부터 완전히 고립되어 독립적으로 존재할 수 없습니다. 최소한 유럽연합과는 직접적으로 연결되어 있습니다. 그것이 새로운 현실입니다. 이 같은 새로운 현실 때문에 이타적인 태도는 모든 인류를 자신의 일부로 여기고, 자신의 미래가 그들에게 달렸다고 생각하는 것입니다. 보편적인 세속 윤리가 필요한 이유도 마찬가지라고 생각합니다.

저는 지금 내세나 극락에서의 행복이 아니라 지금 현재의 삶을 이야기하고 있습니다. 앞에서도 말씀드린 것 같은데, 이타주의는 불교에만 있는 개념이 아닙니다. 하느님을 믿는 사람들은 만물이 하나의 근원에서 일어났다고 이야기합니다. 여기에는 평등사상이 깃들어 있습니다. 이 개념을 활용하면 됩니다.

존 던 발전을 거듭하고 있는 대중적인 자비심 훈련 방식에서도 이런 개념들이 자연스럽게 등장하는 모습을 보면 아주 흥미롭습니다. 종교적 환경을 갖추지 않아도 효과적인 자비 훈련이 가능해 보입니다. 그런데 이 대중적인 자비심 훈련이 자비심과 이타적인 행동을 육성하는 데 효과가 있습니다만, 불교 관점에서 보면 또다른 문제가 남아 있습니다. 근본적으로 행복의 본질과 진정한 행복의 근원을 오해하는 우리의 태도가 문제입니다. 이로 인해 행복에 필요한 내적 자원을 계발하기보다 외적 자원만 좇을 때가 많습니다. 이 말은 외적 자원이 필요하지 않다는 의미가 아니라 외적 자원만으로는 행복의 원인이 만들어질 수 없다는 뜻입니다.

몇 년 전 타라 툴쿠 린포체에게서 들은 한 가지 개념을 짧게 말씀드리겠습니다. 일종의 '불교 경제학'이라고 할 수 있는데 이런 전제로 시작됩니다.

'우리가 행복을 추구하는 한 행복이라는 목표로 이끌어주는 자원이 가장 가치 있다.'

이 또한 경험에 근거한 주장으로 우리가 검증해볼 수 있는 것인데, '그러한 자원은 주로 인간의 내면에 자리잡고 있으며, 이러한 내적 자원이야말로 우리에게 가장 높은 가치를 지닌다'고 강조합니다. 다행스러운 것은 타인 중심의 태도를 취한다면 내적 자원을 무한정 계발할 수 있다는 사실입니다.

따라서 우리의 계산법에 내적 자원을 중요하게 반영하는 형태로 경제학의 프레임을 바꿔나갈 수 있습니다. 다시 말해 불교 경제학에서는 이 같은 내적 자원을 겉으로 드러나는 경제 교환이나 손익 분기점에도 적용할 수 있다고 봅니다. 이런 식의 손익 계산법을 이용하면 "표면상으로는 이익을 거뒀지만 내적 자원이 손실을 입었다"라는 얘기를 할 수 있습니다. 오늘 아침에 윌리엄 조지와 이야기를 나눌 기회가 있었는데요. 한동안 비즈니스 거래를 할 때 화를 내면 더 많은 이익을 거두게 된다는 생각이 사람들 머릿속에 자리잡고 있었다고 합니다. 문제는 분노로 인해 내적 자원이 상당한 손실을 볼 수 있다는 점입니다. 이러한 내적 비용을 감안하면 손익 계산 결과가 달라질 것입니다.

겉으로 드러나는 측면에 대해서도 얘기해볼 수 있습니다. 분노 같은 감정은 화내는 당사자의 건강에 실질적인 영향을 미칩니다. 따라서 겉으로 드러나는 행동이 우리의 내적 자원에 미치는 영향을 명심하지 않으면 치명적인 결과로 이어질 수 있습니다.

물론 겉으로는 손실을 보더라도 내적으로는 상당한 이익을 거두는 일도 가능합니다. 불교 관점에서 보면 '보시generosity', 즉 널리 베푸는 후한 태도가 가장 좋은 예이지요. 누군가에게 선물을 주면 외적 자원은 손실되지만, 그 행동 자체는 타인 중심의 내적 자원을 계발하여 행복에 이르는 방법과 정확히 일치합니다. 결국 널리 베푸는 태도는 언제나 상대방과 당사자 모두에게 이익이 되는 '윈-윈' 게임입니다. 표면적으로는 선물을 받는 사람에게 유리하지만 내적으로 보면 주는 사람이 승자입니다. 이것이 아마도 불교 경제학의 핵심 메시지라고 생각합니다. 경제 교환에서 윈-윈 기회가 더 많아지게 할 새로운 방법이 있다는 것입니다.

달라이 라마 불교 경제학이라는 용어를 쓰면 사람들은 언뜻 돈을 벌기 위한 경제 시스템에 불교를 적용한 형태라는 인상을 받을지 모릅니다. 내적 경제학internal economics이라고 하면 오해가 덜하지 않을까요? 다만 경제학이라는 용어를 사용하는 것이 적절한지 여부는 여전히 의문이 남습니다. 불교에는 '일곱 가지 고귀한 부seven noble riches'라는 개념이 있습니다. 신뢰, 지혜, 윤리적 고결함, 관용 등을 말합니다. 이런 개념들을 가리켜 경제학이라고 할 수 있을까요?

존 던 불교 경제학이라는 개념을 지지하는 학자들이 몇 명 있습니다. 참고할 만한 자료를 몇 가지 말씀드리겠습니다. 마리아 하임Maria Heim은 '베풀기'의 의미를 불교의 맥락에서 아주 훌륭하게 풀어쓴 책을 냈습니다.[3] 앤디 로트먼Andy Rotman은 내적 자원을 가리키는 경제적 비유가 실제로 아주 많다고 지적합니다.[4] 따라서 우리가 내적 자원을 문자 그대로 재산wealth이라고 말할 수는 없지만 은유적인 방법으로는 얘기할 수 있다고 생각합니다.

내적 경제학이라고 부르는 것과 관련해서는 사실상 겉으로 드러나는 것과 내면적인 것을 모두 다루고 있기 때문에 문제가 있습니다. 저는 외적 교환이 전혀 무관하다고 생각하지 않습니다. 실제로 내적 자원을 계발하는 불교 수행에서도 겉으로 드러나는 상호작용이 아주 중요한 기능을 합니다.

베풀기, 즉 보시 행위the act of generosity는 내적 자원을 계발하는 데 아주 중요한 방법입니다. 따라서 제가 말씀드린 불교 경제학은 겉으로 드러나는 행동과 내면적인 상태를 모두 아우른 포괄적인 경제학이라고 생각합니다.

에른스트 페르 경제학자로서 한 가지 의문이 듭니다. 경제학에서는 사람의 선호도는 타고나는 것이라고 배웁니다. 우리는 이를 무시하고 싶지 않습니다. 여기서 '선호도'라고 하는 건 사람들이 가진 욕구와 목표를 의미합니다. 그래서 경제학자들은 사회를 개선하고 세상을 더 나은 곳으로 만들려고 할 때 주로 법과 제도, 규칙을 바꾸려 하지 개인을 변화시킬 생각은 하지 않습니다.

일례로 많은 사람들이 탐욕 때문에 경제적 위기를 맞았다고 얘기합니다. 탐욕이 위기를 부른 요인 중 하나임은 분명합니다. 큰 그림의 한 부분을 차지하는 건 맞습니다만, 그 문제를 제가 어떻게 해결할 수 있겠습니까? 탐욕스러운 사람들을 교육 캠프에 보내 이타주의자가 되도록 가르쳐야 할까요? 아니면 탐욕스러운 욕망이 사회친화적으로 방향을 틀도록 법과 규칙을 바꿔야 할까요? 사회과학자인 저로서는 보통 후자를 택합니다. 법과 사회규범, 규칙을 바꾸려 하지요. 문제가 있으면 총체적인 해결책을 모색하려고 하지, 개개인에게 적용할 해법을 찾으려 하지 않습니다.

제가 드리고 싶은 질문은 이러한 입장에 대해 불교에서는 어떻게 보느냐 하는 것입니다. 사람을 변화시키는 방법과 제도와 규칙을 바꿔 사회를 변화시키는 방법 중 어디에 더 무게를 두시나요?

달라이 라마 둘 다 똑같이 중요하게 생각합니다. 법이 아무리 훌륭해도 일반 대중이 사고방식과 생활 태도를 바꾸지 않는 한 어떤 식으로든 부패는 일어나게 마련입니다. 얼마 전에 만난 인도인 친구가 그러더군요. 연방 차원에서나 주 차원에서 아무리 좋은 규정을 만들어도 실행 단계에서 엉망이 된다고요. 마땅히 책임감을 갖고 의무를 수행해야 할 사람들이 제 몫을 하지 않는 겁니다. 아무리 문서로 훌륭한 규정을 갖고 있어도 그 규정을 실행에 옮겨야 할 사람들이 정해진 대로 행동하지 않는다면 아무 소용이 없습니다.

그렇다고 그 사람들만 비난할 수도 없습니다. 그들이 속한 사회가 이타주의나 다른 사람의 행복을 진심으로 배려하는 태도를 별로 중요하게 여기지 않으니까요. 그런 사회에 속한 사람들은 그런 사고 습관이 몸에 배게 마련입니다. 따라서 개인과 사회 양쪽으로 노력을 기울여야 합니다. 풀뿌리 단계에서부터 교육을 해나가야 합니다. 우리는 교육 제도에 대해서도 자주 의견을 나눕니다. 태어나면서부터, 유치원에서부터 아이들에게 깨달음을 줄 수 있다면 자연스럽게 이타주의가 아이들에게 습관으로 자리잡을 것입니다. 그러면 사회를 바꿀 수 있는 진정한 가능성이 생겨나고, 결국 전 세계적으로 변화가 일어나겠지요.

과거에 티베트에서도 그랬습니다만, 지금도 인도의 시골 마을에서는 사람들이 문을 잠그지 않고 삽니다. 마을 사람들이 정말로 자제력이 뛰어나고 정직하기 때문입니다. 도둑이 없습니다. 가난한 사람이 집에 들어와 음식을 좀 가져가더라도 불평하지 않습니다. 이들 마을 중 일부는 어쩌면 너무 가난한 나머지 잃을 게 없어서 그럴지도 모릅니다. 하지만 그들 자체가 매우 개방적이고 의심을 잘 안 해서 처음 보는 사람도 누구나 환영합니다. 그들은 공평하게 나눕니다. 물론 아주 적은 인구가 지극히 소박하게 살고 있는 마을입니다. 때로는 좀더 화려하고 좀더 세련된 삶이 더 큰 욕심을 부추기기도 합니다. 당신은 당신대로 탐욕을 키우고, 당신을 상대하는 사람도 그 사람 나름대로 탐욕을 키우면 의심이 생겨납니다. 이런 감정은 거의 자동적으로 생겨납니다.

티베트 사례를 하나 더 말씀드리겠습니다. 제 친구 중에 아주 훌륭한 승려이자 수행자가 있는데, 지금은 인도 북부에 있는 한 사원에서 주지를 맡고 있습니다. 어느 날 그의 방에 갔더니 보관함 같은 게 있는데 열쇠를 채우지 않았더군요. 그래서 제가 물었습니다.

“원래 이렇게 보관함을 잠그지 않고 두나?”

그러자 그가 이렇게 답했습니다.

“안에 아무것도 없어!”

유명한 티베트 시인이자 성자인 밀라레파Milarepa에 관한 일화도 생각나는군요. 어느 날 한밤중에 밀라레파가 지내고 있던 동굴에 도둑이 들었습니다. 밀라레파는 웃음을 터뜨리며 도둑에게 말했습니다.

“나는 환한 대낮에도 아무것도 못 찾겠던데, 당신은 이 밤에 무엇을 찾을 수 있겠는가?”

8장 ——— 행복 경제학

인간의 행복을 이루는 수많은 필수 요소는
시장에서 거래되지 않는 '관계'로부터 비롯된다.

- 경제학자, 리처드 레이어드

리처드 레이어드

Richard Layard

런던정치경제대학LSE 경제학과 명예교수로 LSE 부설 경제행동연구소Centre for Economic Performance를 설립하고 소장을 역임했다. 현재 경제행동연구소의 행복 프로그램을 이끌고 있다. 실업과 아동기, 정신 건강과 행복에 관한 그의 연구는 영국은 물론 세계 여러 나라의 정책에 영향을 미쳤다.

다수의 경제 이론가들은 경쟁을 해야 경제가 성장하고, 경제가 성장하면 행복도 늘어날 것이라고 주장해왔다. 여기서 리처드 레이어드는 소득이나 삶의 질이 유례없이 높아졌음에도 불구하고 행복 수준이 제자리걸음을 면치 못하는 이유에 대해 이야기한다. 또한 나이와 신뢰도, 기대 수명과 사회적 비교 등이 어떻게 우리의 행복에 영향을 미치는지 의견을 나누고, 사회적으로나 생물학적 차원에서 우리의 우선순위가 바뀔 가능성에 대해 살펴본다.

부富와 행복이 비례하지 않는 이유

'최대의 행복을 누리려면 어떤 환경이 필요한가?' 이것이 지난 200년 동안 경제 이론이 답하려고 애써온 기본적인 질문입니다.

성공적인 경제 시스템을 창조하는 데 있어 경쟁과 협력이 기여하는 정도를 비교해보려면 먼저 개인과 조직을 구분해야 합니다. 협력이 개인 간의 관계 유지에 필요한 기본 원칙이라는 사실은 모두가 잘 알 것이라 생각합니다.

하지만 경제학자들은 조직, 특히 기업끼리는 경쟁 관계가 최선이라고 믿습니다. 경쟁을 벌여야 하는 기업들은 최대한 좋은 성과를 내려고 노력하고, 가능하면 시장의 다른 경쟁사보다 더 앞서가고자 합니다. 기업이 좋은 성과를 내기 위해서는 외부로부터 도전을 받아야 합니다. 그러지 않으면 나태해지거나 부패하기 쉽습니다.

협력과 경쟁은 근본적으로 차이가 있는 관계 유형입니다. 현대 경제 이론을 정립한 애덤 스미스는 협력과 경쟁 둘 다 중요하다고 강조했습니다. 안타깝게도 그의 뒤를 이은 경제 이론들은 기업뿐만 아니라 개인 간에도 경쟁의 중요성을 지나치게 강조하는 경향을 보였습니다. 저는 경제학이 '음울한 학문dismal science'으로 불리게 된 원인이 여기에 있다고 생각합니다.

경제학에는 다양한 관점이 존재합니다만, 최근 30년 동안은 기업과 기업은 물론 같은 기업 내 개인 간에도 경쟁이 필요하다는 인식을 부추기는 관점이 주류를 이루었습니다.

경제 이론은 음모가 아니라 이상적이고 지적인 학문이라는 사실을 깨달아야 합니다. 경제 이론에서 가장 중요한 명제는 '사람들은 자유와 경쟁이 보장되는 시장에서 최대 행복을 누린다'입니다. 이 명제는 '사람들이 행복을 추구하는 유일한 방법은 시장에서의 거래뿐이다'라는 가정에 기초하고 있습니다. 물론 이 이론에는 여러 한계가 있습니다.

문제는 인간의 행복을 이루는 수많은 필수 요소가 시장에서 거래되지 않는 '관계'로부터 비롯된다는 사실입니다. 주로 가족이나 친구, 거래 관계가 아닌 직장 동료, 이웃 혹은 거리에서 만난 사람들과 맺은 관계에서 비롯됩니다. 이런 관계는 행복한 인생을 살기 위해서도 매우 중요합니다.

우리는 그동안 소득과 생산성 증대를 위해 삶의 경쟁적인 측면에만 지나치게 관심을 쏟은 나머지 인간적 관계는 너무나 무시해왔습니다. 그 결과 우리의 생활수준과 금전적 수입은 유례없이 높아졌음에도 그에 비례해 더 행복해지지는 않았습니다. 이 역설적인 상황이 제가 논의하고 싶은 주제입니다.

미국의 경우 제2차 세계대전 직후인 1945년부터 2000년 사이에 생

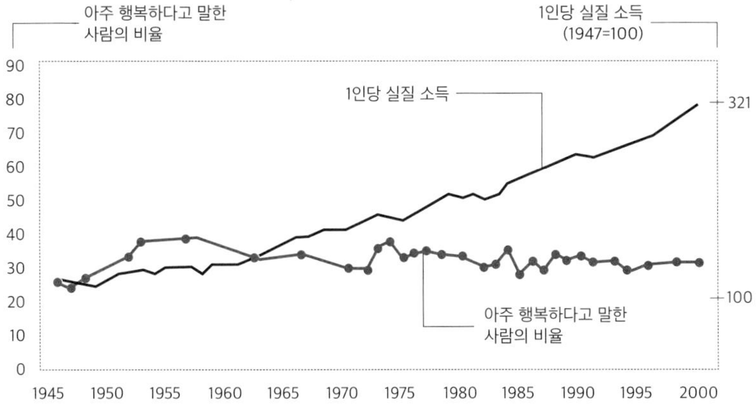

그림 8.1 연도별 소득 수준과 행복도

1인당 실질 소득은 그해 생산된 재화와 서비스를 전체 인구로 나눈 수치이며, 이 그래프에서는 1947년의 1인당 실질 소득을 기준(100%)으로 퍼센트 비율로 나타냈다.

활수준이 엄청나게 높아졌습니다. 그러나 아주 행복하다고 말하는 사람들의 비율은 1950년대보다 조금도 늘지 않았습니다. 행복하지 않다는 사람의 비율 역시 줄어들지 않았습니다.

행복 수준과 사회적 비교

달라이 라마와의 대화

달라이 라마 전쟁 직후인 1945~1950년은 소득이 적은데도 행복 수준이 높습니다. 전쟁 중에 엄청난 고통과 불안을 겪었기 때문에 전쟁 직후에는 상대적으로 훨씬 행복하다고 느낀 것이지요. 아마도 안도감과 관련이 있을 겁니다. 그렇지 않고는 경제가 침체되어 성장하지 않는데도 행복 수준이 갑자기 높아진 현상을 설명할 길이 없으니까요.

리처드 레이어드 영국과 서독에서 수집한 자료도 비슷한 양상을 보입니다. 결국 핵심은 미국과 영국, 독일처럼 전후戰後에 엄청난 부를 이룩한 국가조차 사회가 더 풍요로워진다고 해서 그 나라 국민이 사회 전체적으로 더 큰 행복을 경험하는 것은 아니라는 이야기입니다.

윌리엄 하버 그래프를 보면 시간이 흘러도 행복 수준은 아주 일정합니다. 이 기간에 소득은 크게 늘었는데 행복은 조금도 늘지 않았군요, 그렇죠? 이 부분이 저는 이해가 안 됩니다. 소득을 빼고 그 대신 영아 생존율이나 평균 수명을 넣어봅시다. 이 두 가지도 같은 기간에 소득만큼 극적으로 증가했습니다만, 사람들이 보고한 행복 수준은 높아지지 않았습니다. 이런 결과를 보니 어떤 기준을 사용해 행복을 측정했는지가 궁금해집니다. 기대 수명이 늘어나고, 자기 자식의 생존율이 높아진다면 틀림없이 전보다 행복해 질 것 같거든요. 그런데 이 자료에 나타난 결과는 그렇지 않지요.

리처드 레이어드 행복 수준은 사람들에게 얼마나 행복한지 직접 물어서 파악했습니다. 질문 형태는 다양합니다. "요즘 사는 게 얼마나 행복하세요?" "요즘 생활에 얼마나 만족하세요?" 이제 여러분은 이렇게 반문하실 겁니다.

"그건 그 사람이 한 말에 불과하잖아. 그게 무슨 의미가 있어?"

아주 고무적인 사실은 각자 얼마나 행복한지 얘기한 다음 친구 한 사람씩을 지정해 우리가 얼마나 행복해 보이는지 물어보면, 앞서 우리 스스로 이야기한 행복 정도와 친구의 의견이 아주 높은 상관관계를 보인다는 점입니다.

아주 다행스러운 일입니다. 다른 사람이 얼마나 행복한지 알려주는 신호를 제대로 읽을 수 없다면 인간 사회가 제대로 굴러가기가 아주 어려울 테니까요. 이 얘기를 하는 이유는 사람들이 정말로 얼마나 행복한지는 알 수 없다는 의견을 반박하기 위해서입니다. 사실 우리는 리처드 데이비슨의 연구를 통해서도 이미 확인했지만, 개인 스스로 행복하다고 말하는 수준과 뇌 활성화 정도는 언제 누구를 상대로 실험해보아도 높은 상관관계를 보입니다. 따라서 개인이 스스로 밝힌 내용을 진지하게 받아들일 필요가 있습니다.

이제 이렇게 반문하실지도 모릅니다.

"그렇게 많은 조건들이 개선되고 있는데도 어떻게 사람들이 더 행복하지 않다고 답할 수 있죠?"

기대 수명에 관해 한 가지 중요한 사실을 짚고 넘어가고 싶습니다.

제가 지금까지 말씀드린 내용은 삶의 질, 즉 특정 시기에 삶의 질이 어떠했는지에 관한 것입니다. 수명과는 별개 문제지요. 한 국가의 행복 수준을 가늠하는 가장 좋은 방법은 기대 수명이 아니라 이미 살아온 삶의 질을 1년 단위로 따져보는 것이라고 생각하는 사회과학자들이 많습니다.

달라이 라마 기대 수명과 행복 사이에 실제로 상관관계가 있습니까? 물론 신체적 건강이 정서와 관련이 깊다는 건 분명한 사실입니다. 두려움과 분노가 지속되면 수명이 단축되지요. 하지만 건강한 신체와 그 밖의 다른 능력 때문에 오래 산다고 해서 그 사람이 정신적으로도 행복하리라는 보장은 없습니다. 제 생각은 그렇습니다만 확실한지는 잘 모르겠습니다.

윌리엄 하버 일반적으로 나이가 들수록 행복 수준이 높아진다고 생각합니다. 65세 전후에 최고치를 보입니다. 맞습니까?

리처드 레이어드 맞습니다. 대략 45세까지는 행복 수준이 아주 낮아지다 대부분 그 이후로 다시 높아지기 시작한다는 것이 사회적 통념입니다.

달라이 라마 제 친구들이 한번은 이런 말을 하더군요. 현대 사회가 너무 젊은 사람들 중심으로 돌아가고 있어서 나이를 먹을수록 쓸모없는 존재라는 느낌이 든다고요. 그럴 수도 있을 것 같습니다. 문화가 지나치게 젊은 사람들 중심이 되면 나이가 들수록 사회에서 스스로 가치가 없고 생산성이 떨어진다고 느낄 수 있을 것입니다. 하지만 나이가 들수록 행복 수준이 높아진다는 생각에 기본적으로 동감합니다. 서른, 마흔다섯, 쉰 살로 나이를 먹을수록 경험의 깊이가 깊어지고, 그런 경험을 통해 적어도 전보다는 더 폭넓고 종합적인 관점을 갖게 되지요. 그러면 정서적으로 훨씬 균형 잡힌 상태를 유지하는 데 도움이 됩니다. 그런 점에서 전적으로 동의합니다.

리처드 레이어드 앞서 나이가 들수록 위축된다고 하신 말씀은 특히 서구 사회에 꼭 들어맞는 이야기인 것 같습니다. 대략 75세 이후로 행복 수준이 떨어지기 시작합니다. 왜냐하면 여러분도 아시다시피 가족끼리도 나이든 사람과는 거리를 둡니다. 서구 사회에서는 고령자를 따뜻하게 대하지 않지요.

역설적인 사실이 또 한 가지 있습니다. 대부분의 사람들이 지금보다 더 부유해지고 싶어 합니다. 실제로 특정 국가를 일정 기간 살펴본 결과, 부유한 사람들이 가난한 사람들보다 평균적으로 더 행복한 것으로 나타났습니다. 애석하게도 그것이 진실입니다. 어느 한 해 동안 미국에서 수집한 자료를 보면 소득이 많을수록 평균적으로 느끼는 행복 수준도 높았습니다. 물론 최고치로 가까워질수록 그래프가 완만해졌지만요.

개인은 부유해질수록 그만큼 더 행복해집니다. 하지만 국가 전체로 보면 나라가 아무리 부유해져도 행복의 총량이 늘어나지는 않습니다. 사람들이 자신과 다른 사람을 비교하기 때문입니다. 어떤 사람이 부유해지더라도 그 사람에게는 다른 사람들보다 더 부유해지고 있는지 여부가 중요합니다. 이런 상대적 부유함이 개인의 행복에 중요하게 작용합니다.

그런데 누군가의 소득이 상대적으로 높아지면 다른 누군가의 소득은 낮아질 수밖에 없습니다. 아주 중요하면서도 의미심장한 대목입니다. 소득을 높이려고 안간힘을 써봐야 상당 부분 헛수고라는 의미이니까요. 그래봐야 행복 수준이 더 높아지는 것은 아닙니다. 전문 용어로 '제로섬 게임zero-sum game'이라고 하지요. 성취할 수 있는 총량은 변하지 않습니다. 결국 그 총량에서 누가 얼마만큼 차지할지를 재조정하는 것밖에 안 됩니다. 따라서 소득을 높이려는 노력은 한 사회를 위한 의미 있고 종합적인 목표가 아닙니다. 많은 사회학자들이 경제 성장이 더 이상 서구 사회의 주요 목표가 되어서는 안 된다고 생각합니다. 이 문제는 정치적 차원에서도 이슈로 떠오르기 시작했습니다. 니콜라 사르코

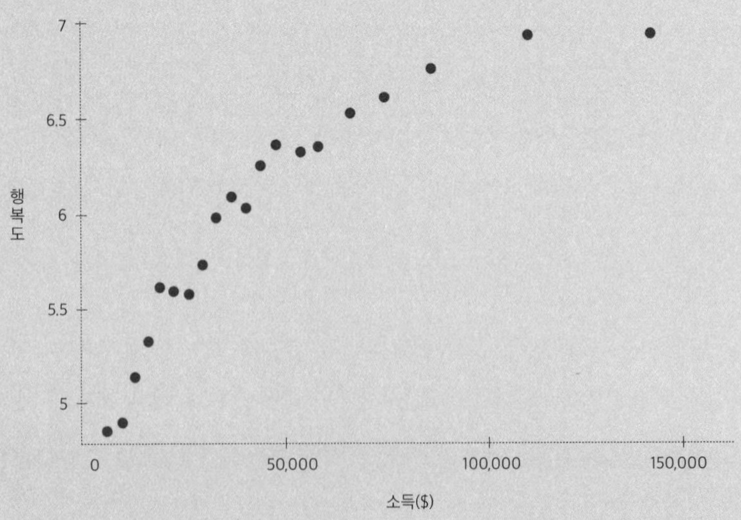

그림 8.2 미국에서의 행복과 소득의 상관관계

지 전 프랑스 대통령을 비롯한 여러 정치인과 경제협력개발기구OECD 등에서 '진보'의 진정한 의미가 무엇인지 의문을 제기한 것입니다.

제로섬 게임 같은 극심한 경쟁에서 벗어나려면 방향을 재조정해야 합니다. 우리 사회의 행복 수준이 정체 상태를 벗어나 좀더 높은 단계로 올라서려면 확대 가능한 행복의 근원에 주목해야 합니다. 행복의 근원은 누구나 상호작용을 하면 이익이 생기는 '포지티브섬positive-sum' 활동에 있습니다. 이 말은 우리가 경제 성장보다 인간관계에 더 많은 관심을 기울여야 한다는 의미입니다.

저는 경제 성장의 의미가 단순하다고 생각합니다. 무엇을 하든 지금보다 더 나아지는 것을 뜻합니다. 따라서 그러한 발전을 위한 노력은 앞으로도 절대 멈추지 않을 것이라 믿습니다. 저는 '제로 성장zero growth' 방식을 지지하지 않습니다. 물론 천연 자원 사용을 크게 제한해야 한다고 생각하지만, 우리는 점점 더 현명하게 일을 처리할 것이며, 그렇게 해서 경제 성장을 이끌어낼 것입니다. 앞으로 지속적인 경제 성장은 인간의 창의적인 정신력에 달렸습니다. 경제 성장이 나쁘지는 않지만 그렇다고 가장 중요한 문제도 아닙니다. 정말로 가장 중요한 것은 인간관계의 질입니다. 따라서 최근 몇 년 동안 그랬던 것처럼 경제 성장률을 더 높이겠다고 인간관계를 희생시켜서는 안 됩니다.

일례로 금융 업계 종사자들은 금융 시스템에 관한 규제를 완화해야 한다고 강력하게 주장했습니다. 그래야 경제 성장을 앞당길 수 있다는 것이 그들의 논리였지요. 이 같은 주장은 장기적으로 보면 맞을 수도 있고 틀릴 수도 있습니다. 언제나 문제는 어떤 대가를 치르게 될 것인가 하는 점입니다.

금융 시스템의 규제 완화를 생각한 사람이라면, 그로 인해 경제 시스템의 안정성이 떨어질 수 있다는 것을 인지했어야 합니다. 안정성이 떨어진다는 것은 무슨 의미일까요? 사람들이 실업으로 직장에서 맺었던 관계를 잃게 될 가능성이 높다는 뜻입니다. 직장에서의 관계는 삶의 만족도를 결정하는 가장 중요한 요소 중 하나입니다. 하지만 경제학자들은 대체로, 특히 시카고대학(밀턴 프리드먼을 비롯한 다수의 노벨 경제학상 수상자를 배출했으며, 이 대학 출신 경제학자들은 정부 개입보다 민간의 자유로운 경제 활동을 지지해 신자유주의학파라고도 불린다.—옮긴이 주) 출신들이 그런 성향을 보입니다. 그들은 지속적인 경제 성장이 시스템 안정이나 실업 방지보다 더 중요하다고 다른 전문가들을 설득하려고 애씁니다. 매우 충격적인 논리인데 놀랍게도 꽤 많은 사람들이 수긍하고 있습니다.

경쟁을 통한 엄청난 경제 성장이 인간 행복에 그리 중요하지 않다면 어째서 다른 형태의 경제 조직을 생각해보지 않느냐는 질문이 나올 수 있을까요? 혹시 협력을 기반으로 한 단일 경제 시스템을 고려해야 할까요? 이런 생각은 시스템의 모든 부분이 협력을 기초로 공공의 이익을 창조해야 한다는 점에서 다분히 공산주의적입니다.

우리가 발견한 바로는 자유 시장을 허용하지 않으면 결국 다른 자유도 상당 부분 제한받게 됩니다. 이것이 협력에만 의존하는 경제 조직이 가진 근본적인 문제이며, 공산주의 사회가 불행해졌던 이유가 바로 여기에 있습니다. 그림 8.3에서 보면 공산주의가 무너질 무렵 공산주의였던 국가들은 대부분 가장 불행한 나라에 속했습니다. 이 나라들과 소득 수준이 비슷했던 비공산권 국가들, 이른바 개발도상국들은

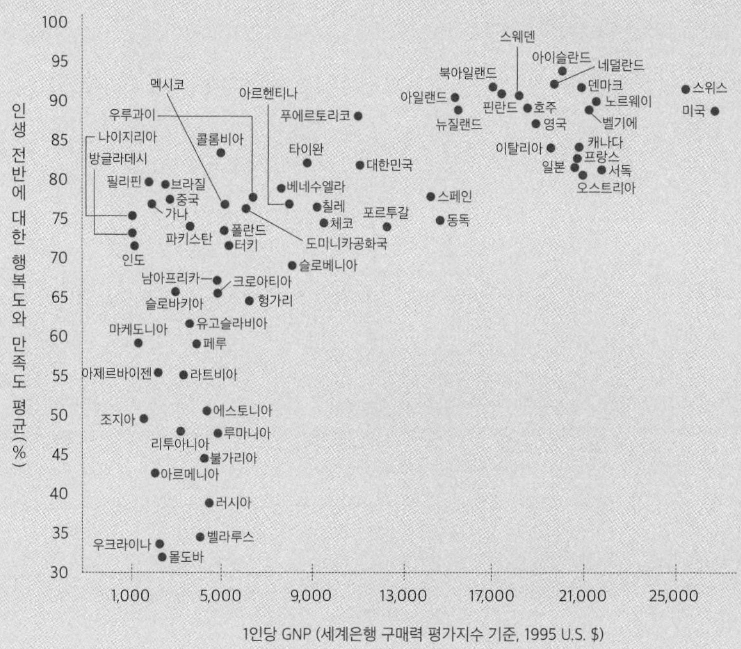

그림 8.3 공산주의가 무너질 무렵 세계 각국의 행복 수준

행복 수준이 더 높았습니다. 당시에는 선진국들이 훨씬 더 행복했습니다. 개발도상국과 선진국을 비교해보아도 행복 수준에 차이가 있습니다. 이는 절대 빈곤으로부터의 탈출과 관련이 있습니다. 하지만 선진국만 보면 절대 빈곤은 개인의 행복을 가늠하는 기준으로 작동하지 않습니다. 제가 앞서 말씀드린 것처럼 그 사회 안에서의 상대적인 소득 수준이 어느 정도인지가 중요합니다. 경제가 성장해도 더 행복해지지 않는 이유가 바로 이 때문입니다. 따라서 경제 성장은 현대 사회의 주요 목표가 될 수 없습니다.

달라이 라마 제가 듣기로는 영국 사람들과 쿠바 사람들의 행복 수준을 비교하면 쿠바 사람들의 행복도가 더 높게 나온다던데, 그 이유가 뭘까요?

리처드 레이어드 쿠바는 흥미로운 나라입니다. 소득 수준이 비슷한 다른 나라에 비해 행복 수준이 높습니다. 저는 그 원인이 쿠바 사회에 협력 정신이 강하게 자리잡고 있기 때문이라고 생각합니다. 물론 자유가 없는 데서 비롯되는 여러 한계도 있다고 봅니다.

이제 전 세계 많은 나라들이 행복을 정치적인 문제로 고려하기 시작했습니다. 일례로 영국 통계청에서는 국내총생산GDP 대신에 국민행복지수를 정기적으로 측정하는 방안을 검토하고 있습니다. 다른 여러 나라 사정도 비슷합니다. 세계적인 추세입니다.

하지만 아직 문제가 남아 있습니다. 행복 수준을 높이려면 어떻게 해야 하는가입니다. 제 생각에는 두 가지 핵심 요소가 필요합니다. 한 가지는 다른 사람과의 관계이고, 나머지 하나는 우리 각자의 내적 삶inner life입니다. 이 두 가지가 모두 갖춰지고 충족되어야 합니다. 사람들과의 관계를 이야기할 때 가장 중요한 문제가 신뢰입니다. 지난 수년간 여러 나라에서 제기된 아주 흥미로운 질문이 바로 다른 사람들을 대체로 신뢰할 만하다고 생각하는지 여부입니다. 세계에서 가장 신뢰도가 높은 스칸디나비아 국가들의 경우 응답자의 70퍼센트가 다른 사람들을 신뢰할 수 있다고 답했습니다. 하지만 포르투갈을 비롯한 몇몇 OECD 회원국에서는 다른 사람들을 신뢰할 수 있다는 응답이

10퍼센트로 아주 낮았습니다. 편차가 아주 큽니다. 영국과 독일은 과거에 같은 조사에서 60퍼센트의 신뢰도를 보였으나 현재는 35퍼센트로 뚝 떨어졌습니다.

달라이 라마 제 생각에는 그 수치를 영국 전체로 일반화하기는 어렵고, 다른 나라들도 마찬가지인 것 같습니다. 같은 나라 안에서도 대도시에 사는 사람과 인구가 적고 자연과 더 밀접한 환경에 사는 사람들, 이를테면 농사를 지으며 사는 사람들 사이에는 차이가 있습니다. 나라가 작을수록, 마을이 작을수록, 인구수가 적을수록 대도시에 비해 인간관계가 훨씬 더 끈끈할 거라 생각합니다.

리처드 레이어드 중요한 요인을 지적해주셨습니다. 저는 이데올로기 역시 아주 중요한 요인으로 작용한다고 생각합니다. 지난 30년 동안 개인주의가 발달하면서 개인에게는 가능한 한 다른 사람보다 성공하려고 노력하는 자세가 필요하다는 믿음이 확산되었습니다. 이런 생각으로 인해 많은 사람들이 타인을 지원 세력이 아닌 위협으로 인식하기 시작했습니다. 이렇듯 삶의 목표에 관한 신념과 생활 방식이 어우러지면서 각기 다른 신뢰 수준이 나타나게 되었습니다.

다른 사람에 대한 신뢰도를 높이고 내적인 삶을 개선할 수 있는 방법에 대해 몇 가지 의견을 제시하겠습니다. 신뢰와 매우 밀접한 관련이 있는 요인이 바로 소득 평등입니다. 신뢰 수준과 행복 수준이 가장 높은 나라로는 북유럽 국가들과 네덜란드가 있습니다. 이들은 OECD 회원국 중에서 소득 분배를 기준으로 봤을 때도 가장 평등한 나라들입니다. 상대적으로 소득 분배가 불평등한 나라일수록 신뢰 수준도 더 낮습니다.

소득 분배와 신뢰 수준 사이에는 연관성이 분명히 존재합니다. 그러나 소득 분배 자체가 신뢰 수준에 영향을 미친다고 생각하지는 않습니다. 오히려 평등 의식, 즉 사람은 모두 행복할 권리를 가진 동등한 존재이고 서로 존중해야 한다는 인식이 얼마나 강한지에 따라 그 공동체의 소득 분배와 신뢰 수준이 달라진다고 생각합니다. 평등 의식은 서구의 다른 어떤 나라보다도 북유럽 국가에 단단히 뿌리내려 사람들의 생활 전반에 영향을 미치고 있습니다.

문제는 어떻게 하면 누구나 가진 행복할 권리를 서로 지켜주고 서로 존중하는 바탕 위에 우리 사회를 다시 세울 수 있느냐 하는 것입니다. 사회 정책 면에서 학교가 대단히 중요하다고 생각합니다. 우리는 학교를 통해 상호 존중하는 기풍을 만들어나가야 합니다. 영국에는 가치

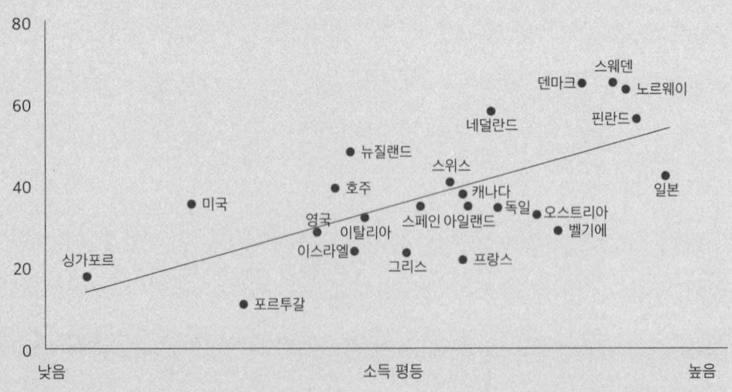

그림 8.4 소득 평등과 신뢰의 밀접한 관계

중심 교육을 표방하는 학교가 몇 군데 생겨나 이 같은 노력을 하고 있습니다. 생활 방식 개선에 효과가 입증된 유익한 프로그램도 있습니다. 직장에서는 팀 구성원 각각의 기여도를 산출해 보상을 차별화하는 대신 그룹 전체 기여도와 성과를 토대로 구성원들에게 똑같이 보상함으로써 협력하는 분위기를 만들어야 합니다.

저는 내적인 삶에 대한 전문가는 아닙니다. 그러나 정신 건강에 문제가 있는 사람들을 지원하는 방법을 개선하려는 노력에 참여해왔습니다. 저는 이들이 우리 사회에서 가장 심각하게 방치된 집단이라고 생각합니다. 그들이 이렇게 방치된 이유 중 하나는 사람들이 문제를 인식하지 못하기 때문이고, 또다른 이유는 해결 방법이 있다는 것을 모르기 때문입니다. 영국의 경우 젊은 층 사이에 정신 건강 문제가 증가하고 있지만, 한편으로 비교적 새로운 방식의 심리 치료법이 높은 성공률을 보이고 있다는 조사 결과가 있습니다. 과학적으로 검증을 거친 이 심리 치료법은 불교에 자주 등장하는 개념을 기반으로 하여 자신을 들여다보고 알아차리며 긍정적인 면을 강화하는 내용으로 구성되어 있습니다.

제가 참여하고 있는 새로운 운동을 하나 소개하겠습니다. 우리는 지금의 문화가 바뀌기를 소망하며 아주 최근 영국에서 '행복을 위한 실천Action for Happiness'이라는 대중 운동을 시작했습니다. 바라건대, 다른 지역에서도 이런 시도를 하고 있을 것입니다. 방법은 간단합니다. 우리는 사람들이 개인적으로나 공적으로 무슨 일을 하든 세상이 더 행복해지고 고통은 줄어들 수 있도록 기여하겠다고 약속하는 선언문을 만듭니다. 그러면 사람들은 웹사이트를 통해 선언문에 서명을 하고, 뜻이 맞는 사람들과 그룹을 형성할 수 있습니다. 그룹이 만들어지면 당연히 지원이 필요할 것입니다. 그래서 웹사이트를 통해 각 그룹이 내적 평화와 함께 외부적으로도 평화를 도모하기 위해 할 수 있는 여러 가지 일을 제한할 생각입니다. 행사를 지원하는 조직도 구성할 예정입니다.

달라이 라마 무척이나 고무적인 계획인 것 같습니다. 지금까지는 사람들이 오로지 경제 발전의 중요성만 강조하고, 정신적으로나 육체적으로 모든 에너지를 거기에 쏟아부었습니다. 최근 인도 총리가 미국 워싱턴을 방문했을 때 인도가 경제적으로는 중국보다 뒤처져 있지만, 민주주의와 사법부의 독립성, 투명성, 표현의 자유, 정보 공개처럼 중국에는 없는 중요한 가치가 보장된다고 말했습니다. 인도 총리가 이런 요소에 사람들의 관심을 집중시키는 것을 듣고 무척 기뻤습니다.

요즘은 주요 선진 7개국 G7이든, G8이든, G20이든 너나 할 것 없이 경제 문제에 초점을 맞추고 있습니다. 누구도 행복이나 만족, 개인의 자유, 신뢰와 존중에 기초한 진정한 협력과 같은 가치에는 관심을 기울이지 않습니다. 진정한 협력은 궁극적으로 다른 사람의 권리를 존중하고 애정 어린 마음으로 대하는 태도에서 비롯된다고 생각합니다.

일전에 이슬람교의 한 종파인 수피교 수행자를 만났을 때 그가 이렇게 말했습니다.

"나는 당신이 필요합니다."

지금 세상에는 바로 이런 식의 사고방식이 필요합니다. 저는 사람들에게 종종 '그들'이라는 표현을 없애야 한다고 말합니다. '우리'로 충분해야 합니다. 온 세상이 우리의 일부니까요. 이것을 구태의연하다거나 이타적으로 자신의 요구를 제어해야 한다고 생각할 필요는 없습니다. 나는 행복하길 원하고, 그 행복을 이루기 위해 당신이 필요한 것입니다. 경제적으로 보면 모든 면에서 우리는 다른 사람을 필요로 합니다. 그런 식으로 느끼고 바라보기 시작하면 신뢰가 싹틀 것입니다. 우리가 먼저 다른 사람에게 손을 내밀어봅시다. 그들의 반응이 썩 긍정적이지 않을 때도 있을 것입니다. 그때는 우리도 똑같이 반응해도 됩니다. 하지만 자기가 먼저 손을 내밀지 않고 남이 먼저 손을 내밀어주기만 기대하는 태도는 옳지 않습니다. 우리가 먼저 주도해야 합니다. 그럴 때 긍정적인 반응을 얻을 가능성이 더 크다고 생각합니다.

내적 가치는 제 주된 관심사입니다. 단지 관심사에 그치는 것이 아니라 행복한 세상을 만들어가는 데 가장 중요한 요소라고 생각합니다. 일단 다른 사람을 고려하고 존중하기 시작하면 속이고 착취하고 괴롭힐 여지가 없습니다. 그때 비로소 신뢰가 싹트고 선의의 경쟁을 할 수 있게 됩니다. 내 친구들 혹은 내가 사랑하는 이들과 동등한 실력을 갖추려고 노력하는 방식의 긍정적인 경쟁은 나쁘지 않습니다. 하지만 1등이 되려고 다른 사람을 방해하고 장애물을 만드는 것은 부정적인 경쟁입니다. 반면, 긍정적인 경쟁은 유익한 측면이 있다고 생각합니다.

에른스트 페르 리처드가 제시한 자료 중에 우리가 타인과 비교한다는 내용은 근본적으로 매우 중요하다고 생각합니다. 우리는 우리 자신을 친구나 동료, 이웃 등 다른 사람과 비교합니다. 자료에 따르면 다른 사람의 소득이 증가할 경우 우리의 행복 수준이 떨어집니다. 충격적인 사실이지요.

이런 일이 벌어지는 근본적인 원인은 사회적 비교 때문입니다. 다른 사람들보다 물질적으로 얼마나 우월한지에 따라 우리의 행복이 결정됩니다. 문제는 이러한 태도가 생물학적으로 내재된 반응이라는 점입니다. 실험 결과에 따르면 윌리엄 하버와 제가 하나의 과제를 성공적으로 완수했는데, 어떤 이유에서인지 저는 100달러를 받고 윌리엄은 50달러를 받았습니다. 이제 제 뇌는 윌리엄이 100달러를 받았을 때보다 더 행복하다는 표시를 냅니다. 이것이 사회적 비교가 일어나는 방식입니다.

결국 사회적 비교에 따른 반응이 우리 몸에서 실제로 일어나며, 이 문제를 개선하려면 사람들을 변화시킬 방법을 모색해야 한다는 말입니다. 우리에게는 다른 사람보다 우월해지려는 욕망과 다른 사람이 성공하면 고통스럽게 반응하는 태도를 바꿀 도구가 필요합니다. 저는 바로 이 점 때문에 불교에 기반한 사업이 완전히 새로운 전기를 맞을 것이라고 믿습니다. 마찬가지로 학교도 도전을 떠안게 됩니다. 이러한 제도적 변화와 더불어 우리는 이롭지 못한 기존의 사회적 비교가 사라지도록 사회적 삶과 개인적 삶을 재조정하는 방법을 생각해내야 합니다. 인성을 바꾸지 않고는 불가능한 일일 것입니다.

거트 스코벨 생물학적 변화를 의미하는 것은 아니지요?

에른스트 페르 뇌에서 일어나는 일이 전부 순수한 생물학적 작용은 아닙니다. 우리가 사회생활을 하면서 경험한 것들의 결과가 뇌에 반영되기도 합니다. 제가 '생물'이라고 하는 것은 변할 수 없다는 뜻이 아니라, 우리 뇌에 깊숙이 내재되어 있다는 의미입니다. 누군가 나보다 더 성공하면 내 뇌에서는 기본적으로 경계 신호를 보냅니다. 보상 시스템은 평소보다 덜 활성화됩니다. 이 점이 바로 우리가 연습과 교육을 통해 바꿔나가야 할 부분입니다.

달라이 라마 이해가 됩니다. 생각하는 방식이 뇌에 반영될 테니까요. 제가 보기에 우리는 물질이나 돈에 너무 집착하고 무게를 둡니다. 돈이 궁극적으로 행복을 가져다준다고 믿지요. 하지만 내적 가치인 행복에 의미를 두면 비록 가난해도 억만장자보다 훨씬 더 행복할 것입니다. 사회 전체적으로 물질적 가치를 중시하는 경향이 너무 강해서 내적 가치에 충분한 관심을 기울이지 않습니다. 그것이 문제라고 생각합니다. 이번 연구와 토론은 더 많은 깨달음을 이끌어내고, 인간의 행복을 이해할 때 더 다양한 차원을 고려하도록 도움을 주었습니다.

우리는 그저 돈, 돈, 돈, 그리고 권력에 집중합니다. 그뿐입니다. 그런데 사람들이 행복의 근원이 다양하다는 사실을 알게 되면 거기에 더 많은 관심을 기울일 것입니다. 그때 아마도 변화가 일어날 수 있을 거라 생각합니다. 리처드 레이어드 박사님이 단지 연구에 그치지 않고 일종의 운동과 실천을 계획하고 있다는 사실에 무척 감명받았습니다. 우리는 행동해야 합니다.

9장 — 사람들은 왜 기부를 하는가?

순수한 이타심은 강렬한 감정을 일으킬 수는 있지만
적극적인 행동으로 이어지기는 어렵다.
이제 우리는 '온정적 이타심'을 길러야 한다.
다른 누가 아닌 바로 내가 어려운 사람을 도왔다는 이 기분 좋은 느낌은
순수하지 않을 수 있지만 기부를 장려하는 데에는 훨씬 효과적이다.

- 경제학자, 윌리엄(빌) 하버

윌리엄(빌) 하버

William(Bill) Harbaugh

오레곤대학의 경제학과 교수로 사람들이 자선 기부를 하는 이유를 연구하고 있다. 경제 이론에서부터 fMRI 신경 기법에 이르는 다양한 방법론을 활용해 '온정적 동기warm-glow motives'가 기부를 유도하는 강력한 요인이 된다는 것을 보여준다.

윌리엄 하버의 연구는 자선 기부에 따르는 경제적 비용과 정신적 혜택을 집중적으로 다룬다. 경제학자들은 순수한 이타심이 기부에 필요한 동기부여를 하더라도 실행에 옮기지 않고 그저 다른 누군가가 기부를 해서 자신은 굳이 기부를 하지 않아도 되기만 바라는 사람들이 많을 것이라고 주장한다. 이에 대해 윌리엄 하버는 기부자에게 돌아오는 혜택에 초점을 맞춘 온정적 이타심이 기부를 장려하는 대안이 될 수 있다고 강조한다.

미국 사람들이 기부를 많이 하는 이유

현대 경제 시스템은 행복을 늘리는 방식으로 작동하도록 만들어졌습니다만, 앞서 리처드 레이어드가 지적한 것처럼 대체로 완벽하지 못합니다. 가난한 사람들에게 특히 더 그렇습니다. 지금과 같은 경제 시스템에서는 이기심을 활용하는 것이 좋은 결과를 가져옵니다. 사회 전체로 보면 그렇습니다. 방식은 아주 간단합니다. 사람들은 자신이 생산한 물건을 다른 사람에게 팔 수 있습니다. 그 사람이 그 물건의 가치를 더 높게 인정해주면 가능합니다. 반면에 다른 사람에게 피해를 입히면 대가를 지불해야 합니다. 이것이 시장 자본주의 시스템의 기본 원칙입니다.

시장 자본주의 시스템에서 가장 중요한 요소는 가격이라는 개념입니다. 가격은 두 가지 기능을 합니다. 첫째, 사람들에게 동기를 제공합니다. 만약 당신이 생산자라면 고객에게 받는 돈의 액수가 바로 가격입니다. 당신은 그 돈을 받아 당신이 원하는 것과 바꿀 수 있습니다.

가격은 당신에게 열심히 일해 물건을 더 싸게 생산할 방법을 찾고, 사람들이 원하는 물건을 제공하도록 동기를 부여합니다. 이러한 태도는 나쁘지 않습니다. 오히려 사람들에게 도움이 됩니다.

시장 경제에서 가격이 수행하는 또다른 기능은 정보 제공입니다. 당신이 어떤 물건을 위해 어느 정도의 금액을 기꺼이 지불하려 한다면 그것으로 그 물건이 당신에게 어느 정도 가치를 가지는지 알 수 있습니다. 사회가 작동하게 만드는 중요한 정보입니다. 모든 사람이 더 행복해지는 방식으로 시스템을 조직하려면 사람들이 각기 다른 물건에 얼마만큼의 가치를 두는지 알아야 합니다. 가격은 아주 흥미롭고 복잡하면서도 무척 아름다운 방식으로 작동합니다. 우리가 만들어놓은 가격 시스템은 매우 미묘하고 다분히 계획적이기도 합니다. 하지만 이 아름다운 시스템에는 커다란 '예외'가 있습니다. 바로 그것 때문에 우리가 이렇게 모인 것입니다.

중요한 사실은, 가격은 외딴섬이 아니기에 그 영향이 널리 확산될 때가 많다는 것입니다. 예를 들어 당신이 어떤 물건을 생산하는데, 그 과정에서 오염이 발생한다고 가정해봅시다. 그러면 다른 사람에게 피해를 줍니다. 그런데 간혹 당신이 피해를 보상할 필요가 없다는 규정이 만들어지기도 합니다. 경제학자들은 이런 경우를 가리켜 '외부 효과externality'라고 합니다. 원리는 아주 간단합니다. 내가 당신에게 손해를 입히고도 대가를 지불하지 않아도 된다면 나는 그 피해를 무시할 수 있습니다. 내가 만약 이기적이라면 신경조차 쓰지 않을 것입니다. 가격이 내게 동기를 부여하고 정보도 제공해야 하는데 그렇지 않은 것입니다. 그 거래에 치러야 할 비용이 생기지 않으면 내가 상대에게 입힌 피해가 얼마나 심각한지 알 수가 없습니다.

반대의 경우도 있습니다. 세상에는 일단 만들어지면 대가를 지불하지 않은 사람도 혜택을 보게 되는, 사회적으로 대단히 가치가 높은 중요한 것들이 있습니다. 여기에 해당하는 예가 많지만 핵심을 짚어줄 만한 한 가지만 말씀드리겠습니다.

바로 복지나 원조, 그 밖에 사회의 어려운 사람들에게 제공되는 도움입니다. 우리는 대부분 여기에 관심이 있습니다. 가난한 사람의 행복은 가격이 매겨져 시장에서 거래되는 상품이 아니라 공공재입니다. 내가 가난한 사람들에게 관심이 있는데 가난한 사람들이 더 행복해진다면 나도 더 행복한 기분을 느낍니다. 그들의 형편이 나아지도록 도와준 사람이 비록 내가 아니더라도 말입니다. 따라서 아무 대가를 지불하지 않고도 행복한 감정을 얻을 수 있습니다. 그렇다면 베푸는 일은 다른 사람이 하고, 그로 인한 혜택은 함께 누리기를 바랄 수 있을 것입니다.

그 결과는 어떨까요? 현재 우리 사회의 저소득 계층이나 다른 가난한 나라에 대한 지원과 보조, 도움은 모두 부족한 상황입니다. 부유한 나라는 가난한 나라를 충분히 돕지 않습니다. 다른 나라가 도우리라 기대하기 때문입니다. 해결책이 필요한데, 이때 우리가 선택할 수 있는 방법은 두 가지입니다. 자선 기부에 의존하거나 세금을 부과해 가난한 사람을 지원하도록 강제하는 것입니다.

나라마다 이 문제를 다루는 방식이 천차만별입니다. 미국에서는 전체 가구 중 68퍼센트가 가난한 사람뿐 아니라 문화 시설, 교육, 그 밖에 여러 단체에 자선 기부 목적으로 무언가를 제공합니다. 많은 사람들이 자선단체에 기부하고 있으며, 대체로 소득의 2퍼센트를 기부합니다. 이 수치도 나라마다 큰 차이가 있습니다. 영국은 1퍼센트, 프랑스는 0.3퍼센트, 이탈리아는 0.1퍼센트입니다.

미국 사람들이 이처럼 기부를 많이 하는 이유는 스위스나 영국과 달리 가난한 사람에 대한 정부 지원이 많지 않기 때문입니다. 제 말의 요지는 어떤 나라가 다른 나라보다 더 관대하다는 이야기가 아니라, 관대함이 각기 다른 방식으로 나타난다는 것입니다.

소득 수준에 따라 기부 금액이 달라지는 것도 흥미롭습니다. 가난한 사람들은 그들의 소득에서 놀라울 만큼 많은 돈을 남을 돕는 데 씁니다. 연 소득이 1만 달러 미만인 사람들은 그중 5퍼센트를 기부합니다. 소득이 늘어날수록 기부금이 차지하는 비율은 점점 낮아져 연 소득이 4만 5,000달러인 사람들은 평균적으로 소득의 1퍼센트를 기부합니다. 소득이 10만 달러를 넘으면 약 3퍼센트를 기부합니다. 매우 부유한 사람들은 점점 더 많은 금액을 기부합니다. 그래서 전체 소득에서 기부금이 차지하는 비율은 다시 높아지기 시작합니다.

나이가 많아질수록 더 많이 기부하는 현상은 아마도 행복 수준과 관련이 있을 것입니다. 젊은 사람들은 소득의 약 2퍼센트를 기부합니다. 퇴직 연령에 가까워질수록 자선단체에 기부하는 금액이 늘어나는데 약 4퍼센트에 이릅니다. 넉넉한 인심은 교육 수준과도 상관관계를 보입니다. 교육 수준이 높을수록 소득에서 더 많은 부분을 기부금으로 내놓습니다.

지금부터는 이러한 차이가 나타나는 이유를 설명해보려 합니다. 아주 큰 차이입니다. 소득과 관련 있는 경우가 있고, 나이나 교육 수준과 관련 있는 경우도 있습니다. 하지만 나이와 교육 수준이 같아도 어떤 사람은 아주 적은 금액을 기부하고, 또 어떤 사람은 큰 금액을 기부합니다. 이런 차이가 나타나는 근본 원인을 이 기회에 좀더 심층적으로 이해해보고자 합니다.

기부의 합리적인 손익 계산

이 문제를 살펴보기 위해 저는 오레곤대학의 동료 교수 두 명과 함께 실험을 했습니다. 심리학자인 울리히 메이어Ulrich Mayr와 경제학자인 대니얼 부가트Daniel Burghart입니다. 실험에서 우리는 사람들에게 100달러를 주면서 그 돈을 다 가져도 되고 저소득층에게 음식을 구입해 제공하는 푸드뱅크에 일정 금액을 기부할 수도 있다고 일러주었습니다. 아주 단순한 기부 방법입니다. 내가 일정 금액을 포기하면 나보다 형편이 어려운 누군가는 생활필수품을 얻게 되는 것입니다.

다만 이 실험에 한 가지 장치를 두었습니다. 기부받은 비용 가운데 실제 푸드뱅크에 전달하는 액수를 수시로 바꾸는 것입니다. 어떤 때에는 15달러만 기부해도 푸드뱅크에 45달러가 전달되지만, 어떤 때에는 45달러를 기부해도 푸드뱅크에 전달되는 돈이 15달러밖에 안 되도록 기부 비용을 달리하는 방식입니다. 우리는 모든 실험 참가자들에게 되도록 여러 번 나눠서 선택을 하라고 안내하고, 그중 한 번의 기부를 임의로 골라 진짜로 기부를 진행하겠다고 말했습니다.

그렇게 실험을 진행한 다음 실험 참가자가 동의하면 그들에게 지급된 돈에서 기부금만큼 돌려받고 푸드뱅크에 수표를 발행했습니다. 참

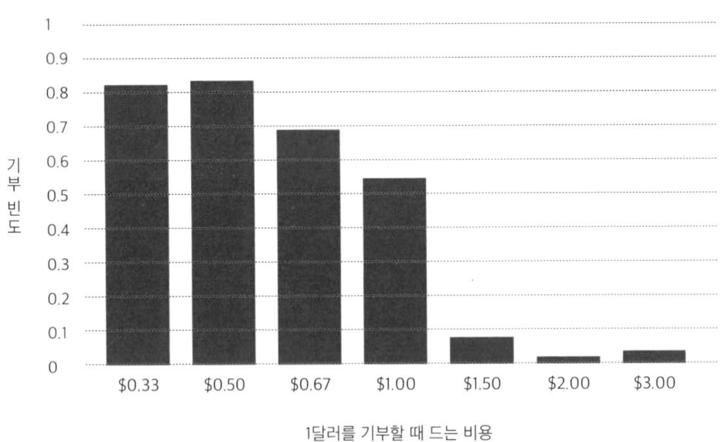

그림 9.1 이타적 공급 함수

가자들이 원하면 수표를 발행하는 모습을 직접 확인시켜 주었습니다.

우리는 결과 데이터를 갖고 아주 단순한 경제 모델을 만들었습니다. '이타적 공급 함수'라고 할 수 있습니다. 예를 들면 신발 같은 상품에 대한 수요 함수와 비슷합니다. 신발 가격이 올라가면 신발을 구매하는 사람이 줄어듭니다. 마찬가지로 자선 기부에 돈이 많이 들면 기부하려는 사람 수가 감소하고 액수도 줄어듭니다.

경제학자가 보기에는 아주 훌륭합니다. 우리는 계속해서 이렇게 함수를 측정하고, 기부에 비용이 많이 들수록 사람들이 기부를 더 적게 하는 것으로 나타나면 사람들이 합리적으로 판단하고 있는 거라고 생각합니다. 자신들이 들인 비용과 가난한 사람들이 입게 될 혜택을 비교하고 있다는 의미이니까요. 비용을 아주 적게 들이고도 큰 혜택을 줄 수 있다면 사람들은 지극히 이타적일 수 있습니다. 그런 조건에서는 80퍼센트의 사람들이 기부를 했습니다. 반면에 비용이 아주 많이 들면 사람들은 이렇게 말합니다.

"아니야, 지금은 그냥 돈을 갖고 있겠어."

합리적인 손익 계산이지요. 당신이 부담해야 할 비용은 크고 다른 사람에게 돌아가는 혜택은 미미한 조건에서 가진 돈을 모두 기부하기 위해서는 이타심이 매우 강해야 합니다.

하지만 사람들이 어째서 다른 사람에게 도움을 주는 일에 신경을 쓰는지에 대해서는 여전히 의구심이 남아 있습니다. 수수께끼 같은 면이 있지요. 그래서 왜 그런지 알아보기 위한 실험이 또 하나 있습니다. 이 실험에서 우리는 참가자들에게 기부를 결정하는 선택권과 함께 세금 요인을 추가했습니다. 현실에서처럼 우리는 실험 참가자들에게 세금을 부과하고, 그 돈을 자선단체에 기부합니다. 현실에서 세금을 거부할 수 없는 것처럼 실험에서도 이 부분에는 선택의 여지가 없습니다. 우리는 실험 참가자들에게 이렇게 말합니다.

"당신에게서 15달러를 공제하여 가난한 사람에게 주겠습니다. 이상입니다."

실험에서는 기부와 과세가 정해진 순서 없이 반복됩니다. 기부 실험에서처럼 임의로 한 차례를 선택해 자선단체와 참가자가 받을 금액을 실제로 적용했습니다.

일반적으로 경제학에서는 사람들에게 선택할 기회를 주지 않으면 연구를 할 수 없습니다. 사람들의 행동을 관찰할 수 없기 때문입니다. 그래서 우리는 사람들이 fMRI 기기 안에 있는 동안 세금을 내도록 합니다. 사람들이 선택해서 한 행동은 아니지만, 우리가 그들의 돈을 자선단체에 기부할 때 그들의 뇌에서 어떤 변화가 일어나는지 관찰할 수 있습니다.

우리 뇌의 '배쪽 선조ventral striatum'라고 하는 부위는 각종 보상을 처리하는 아주 중요한 영역입니다. 예를 들어 동물에게 단 음식을 주면 뇌의 이 부위가 환하게 빛이 납니다. 우리 실험에서는 참가자들이 갖는 돈이 많을수록 혹은 세금을 적게 낼수록 이 보상 영역의 활성화가 증가하는 것으로 나타났습니다. 자기 몫으로 돈을 챙기면 일정 영역에서 쾌락 반응이 일어납니다. 남을 도울 목적으로 자선단체에 돈이 기부될 때에는 다른 영역이 활성화됩니다. 주목할 만한 사실은, 이 두 영역이 상당 부분 겹친다는 점입니다. 자기 몫으로 돈을 챙길 때 활성화되는 부위가 자선단체에 기부금으로 전달될 때도 활성화됩니다. 결국 기부를 할지 말지 결정할 때 뇌에서 정보를 제공하는 부위가 서로 인접해 있으며 심지어 동일한 부위도 있다는 뜻입니다.

사람들이 자선 기부를 결정할 때 이성적으로 판단한다고 볼 수 있는 또다른 이유가 있습니다. 이 실험에서 사람들이 세금을 낼 때 뇌의 보상 관련 영역이 활성화된 정도를 바탕으로 자발적인 기부 실험 결과를 비교적 정확하게 예측할 수 있었습니다. 자신이 낸 세금으로 자선단체가 도움을 받을 때 보상 영역이 더 넓게 활성화되고 자기 몫으로 돈을 챙길 때는 오히려 더 작게 활성화된 사람은 정반대 반응을 보인 사람에 비해 자발적으로 기부할 가능성이 훨씬 컸습니다(기부 비용이 통제된 상태에서).

온정적 이타주의의 경제적 효과

실험에서는 비록 강제적이지만 자선단체에 돈이 전달되는 모습을 보고 보상 영역이 활성화되는 경험을 한 사람이 자발적 기부도 더 적극적으로 합니다. 하지만 현실에서는 이 같은 동기가 '무임승차 효과' 때문에 너무 쉽게 사라져버립니다. 다시 말하면, 내가 진심으로 가난한 사람의 행복을 염려한다 해도 실제로 많은 도움을 주지는 않는데, 그 이유가 다른 사람들의 기부나 정부 보조를 통해 문제가 해결된다고 믿기 때문입니다. 그럼에도 내가 기부를 한다면 다른 사람에게는 매우 가치 있는 일이겠지만, 굳이 자신이 비용을 부담할 정도의 가치는 없다고 판단합니다. 이런 생각 때문에 사회에 공공재가 충분히 공급되지 못하는 문제가 발생하는 것입니다.

결국 우리는 아주 멋지게 활성화되는 순수한 이타주의를 발견했습니다만, 이것이 대규모 경제에서 자선 기부를 유의미하게 늘리지는 못합니다. 대부분의 사람들이 여전히 주저하기 때문입니다. 세상에 딱 두 사람만 있다면 전혀 문제될 게 없습니다. 내가 저 사람을 염려하고 주위에 도와줄 사람이 아무도 없다면, 내가 도움을 줄 테니까요. 하지만 수많은 사람들이 속해 있는 대규모 경제에서는 내가 이 사람을 염려하는 마음이 있더라도 나 자신도 챙겨야 하기 때문에 누군가가 나를 대신해 도와주기를 바랍니다. 모두가 이런 식으로 생각합니다. 따라서 순수한 이타심이 강렬한 감정을 일으킬 수는 있지만 적극적인 행동으로 이어지기는 어렵습니다.

다행히 이 문제를 해결해줄 다른 종류의 이타심이 있습니다. 바로 '온정적 이타심warm-glow altruism'이라고 하는 것입니다. 경제학자인 짐 안드레오니Jim Andreoni가 처음 이렇게 부르기 시작했습니다. 온정적 이타심은 순수한 이타심에 비해 자기중심적이기 때문에 경제학자들은 '순수하지 않은 이타심'이라고 부르기도 합니다. 온정적 이타심은 정부나 다른 누구도 아닌 바로 당신이 어려운 사람을 도왔다는 사실이 주는 기분 좋은 느낌 때문에 생겨납니다. 그래서 순수하지 않을 수 있지만 자신이 직접 도움을 줘야만 그런 좋은 기분을 느낄 수 있기 때문에 기부를 장려하는 데에는 훨씬 효과적입니다. 가난한 사람이 있고 다른 누군가가 그 사람을 돕고 있는데도 자기 스스로 좋은 기분을 느끼고 싶어서 더 도와주고 싶어하는 것입니다. 우리는 이번 실험에서 온정적 이타심이 주는 훈훈한 느낌의 증거를 발견했습니다. 대체로 세금 형태로 강제 기부를 할 때보다 자발적으로 기부금을 낼 때 보상 영역이 더 크게 활성화되었습니다. 아마도 다른 사람을 돕겠다고 스스로 결정하고 자발적으로 기부할 때 신경에 추가되는 혜택이 있는 것으로 보입니다.

놀라운 것은 배쪽 선조에 있는 보상 영역이 학습에 중요한 영향을 미치는 뇌 시스템의 일부이기도 하다는 사실입니다. 단 음식을 먹는 것과 같은 행동을 하면 이 영역이 활성화되어 기억해뒀다가 단 음식을 찾게 됩니다.

실제로 태어날 때부터 돈에 쾌락 반응을 보이는 사람은 없을 겁니다. 그 대신 (후천적으로) 돈이 있으면 뇌의 보상 체계를 활성화시키는 물건을 살 수 있다는 사실을 학습한 결과, 뇌가 돈에 반응하기 시작한 것입니다. 결국 돈을 기부하면 뇌의 보상 영역이 따뜻하게 빛나는 혜택을 입는다는 것도 사람들이 학습을 통해 배울 수 있다는 이야기입니다. 이런 학습은 사람들에게 기부할 기회를 찾아 나서게 함으로써 사회를 더욱 이타적으로 만들 수 있습니다.

결론은, 어려운 처지에 있는 사람들을 지원하는 일을 시장에 맡길 수도 있지만 이타심에 기대를 걸어보아도 좋다는 것입니다. 문제는 가난한 사람들을 위한 복지 같은 것이 충분히 제공되는 세상을 만들려면 우리에게 어떤 종류의 이타심이 필요한가 하는 것입니다. 다양한 (가치관을 가진) 사람들과 국가가 공존하는 세상에서 순수한 이타심만으로는 충분하지 않다고 생각합니다. 우리는 온정적 이타심을 길러야 합니다.

10장 공공재와 경제학의 법칙

다른 사람이 이타적으로 행동할 것이라는 믿음이 있을 때
우리는 더 이타적으로 행동한다.

- 미시경제학자, 에른스트 페르

에른스트 페르

Ernst Fehr

에른스트 페르는 앞선 발표에서 이타심이 실제로 존재한다는 놀라운 증거를 제시했다. 이 장에서는 이타심이 중요한 이유와 이타심으로 사회 문제를 해결할 수 있는 방법으로 논의를 확대한다. 사회가 고도로 기능하려면 공공재가 매우 중요하다고 주장하는 그는, 이타적 징벌 기회와 확고한 시민규범 둘 다 갖춰진 환경에서만 공공재가 창출되고 지속될 수 있다고 강조한다.

공공재의 의미

지금까지 우리는 인간이 이기적이고 타인을 배려하지 않는다는 오래된 믿음이 틀렸음을 보여주는 많은 증거들을 확인했습니다. 행동으로 나타난 강력한 증거도 있었고, 신경계에서 발견한 증거도 있었습니다. 자신에게 이익이 되는 행동을 할 때 뇌의 보상 영역이 활성화되는데, 이타적으로 사회친화적인 행동을 할 때에도 같은 보상 영역이 활성화되는 모습을 지켜보면서 이타심을 후천적으로 키울 수 있다는 희망을 가질 수 있었습니다. 인간에게는 언제나 이기적인 욕망이 어느 정도 있을 것입니다. 하지만 이제 우리는 이타적인 염려로 강력한 동기를 만들어낼 수도 있다는 것을 압니다.

이제 저는 이타주의가 존재하는지 여부가 아니라, 이타주의가 우리에게 무엇을 해줄 수 있느냐 하는 점에 의문을 품게 되었습니다. 그래서 공공재에 상당 부분 의존하는 인간적인 복지를 실현하는 데 이타주의가 미치는 영향을 탐구해보려 합니다.

먼저 경제학자 관점에서 공공재가 의미하는 바를 설명하겠습니다. 일반적인 관점에서 생각하는 공공재 개념과 다를 수 있기 때문입니다. 경제학자들은 재정적으로 기여하지 않은 사람을 포함해 모든 사회 구성원이 이용할 수 있는 재화가 있을 때 공공재가 존재한다고 말합니다. 가난한 사람들을 위한 복지가 대표적인 예입니다. 만약 윌리엄이 가난한 사람들을 구제했는데, 제게 가난한 사람들을 염려하는 마음이 있다면 윌리엄의 행동은 제게도 유익합니다. 하지만 앞서 지적한 대로 윌리엄의 이러한 태도는 한 가지 커다란 문제를 야기합니다. 굳이 공공재에 기여하지 않은 사람도 혜택을 보기 때문에 무임승차를 부추기는 것입니다.

한편 공공재에 기여한 사람들이 비용을 부담하면서까지 다른 사람들에게 혜택을 준다는 것은 결국 공공재에 대한 기부가 이타적인 행동임을 의미합니다. 제가 부담한 비용으로 다른 사람들이 혜택을 보는 것입니다.

공공재에 대한 이 같은 정의를 기초로 보면, 이기적인 사람들은 대개 무임승차를 할 것이라는 점을 쉽게 예상할 수 있습니다. 공공재를 만들어내는 일은 다른 사람들이 하고, 자신들은 이용만 하고 싶어하는 것이지요. 이기적인 사람들은 공공재를 충분히 생산하지 못할 것이라는 점이 문제의 핵심입니다.

인류의 미래를 위해 반드시 지켜야 할 공공재들

지금까지 말씀드린 공공재의 정의가 상당히 추상적이기 때문에 중요한 공공재 몇 가지를 예로 들어보겠습니다. 제가 생각하는 가장 중요한 공공재 중 하나는 모든 시민의 민주적 자유입니다. 보통은 공공재로 인식되지 않는 것이지요. 독재에 저항하는 투쟁은 개인에게 큰 희생을 요구합니다. 최근에 이란을 비롯한 중동 지역에서 일어난 갈등을 생각해보면 이해하기 쉬울 것입니다. 티베트도 한 예가 될 수 있고, 유럽의 역사도 마찬가지입니다.

1989년 중국 베이징의 톈안먼天安門 광장에 있었던 사람들은 모두 민주적 자유를 얻기 위해 투쟁했고 가혹한 대가를 치러야 했습니다. 톈안먼 사태는 비록 실패로 끝났지만, 다른 많은 나라의 경우 결국에는 민주적 자유를 확립하는 데 성공했습니다. 민주적 자유가 확립되면 그 혜택은 모두에게 돌아갑니다. 민주적 자유라는 공공재를 얻는 데 아무런 기여를 하지 않은 사람들까지도 혜택을 봅니다.

이외에 좀더 확실한 공공재로는 지구 온난화를 예방하고, 바다에서의 남획을 금지하며, 깨끗한 공기를 공급하려는 노력 등이 있습니다. 최근 들어 특히 중요해진 또다른 공공재는 기업의 건전한 지배 구조입니다. 기업 최고경영자CEO들이 일반 대중이 느끼기에 지나칠 정도로 많은 보수를 받을 때 우리는 기업 내 임금 격차에 큰 충격을 받을 것입니다. 주주 관점에서 보면 이 또한 공공재와 관련이 있습니다. 제가 만약 대기업의 주주로서 관리 감독 및 효율적인 경영과 책임 경영에 기여한다면 저로서는 엄청난 부담을 짊어져야 합니다. 종일 매달려도 모자라는 일이겠지요. 하지만 그 혜택은 모든 주주에게 돌아갈 것입니다.

제가 생각하기에 세계에서 가장 심각한 사회문제 중 하나가 바로 사람들이 이기적으로 행동할 경우 공공재 공급 부족에 시달릴 수밖에 없다는 사실입니다. 이럴 때 인간의 이타심이 필요합니다. 이 문제를 어떻게 제대로 파악할 수 있을까요? 어떻게 하면 이 문제를 직접적으로 살펴볼 수 있을까요?

한 가지 방법은 실험입니다. 다음과 같은 방식으로 실험을 진행할 수 있습니다. 10명을 한 그룹으로 묶어 한 사람당 10달러씩 지급합니다. 참가자들은 10달러를 자기 몫으로 챙겨도 되고, 어떤 프로젝트에 기부할 수도 있습니다. 프로젝트의 특징은 이렇습니다. 제가 실험 참가자로서 1달러를 프로젝트에 쓰면, 연구자가 그 금액을 두 배로 늘려줍니다. 이제 2달러가 된 프로젝트 기금을 연구자가 다시 그룹에 속한 10명에게 똑같이 분배합니다.

같은 그룹에 속한 참가자 전원이 즉시 보상을 받는 구조인 것이지요. 내가 1달러를 기부하면 연구자가 두 배로 늘려 2달러를 만듭니다. 이것을 10명에게 나누어주므로 나는 20센트를 돌려받게 됩니다. 1달러를 쓰고 20센트를 돌려받는 거죠. 이기적으로 생각하면 이런 기부는 손해이니 하지 말아야 합니다. 하지만 그룹 전체로 보면 이익입니다. 그룹의 일원으로서 나는 1달러밖에 안 썼는데, 그룹 전체가 2달러를 받았으니까요. 만약에 그룹에 속한 10명이 각자 가진 10달러를 모두 공공재에 투자하면, 우리 모두 두 배의 수입을 거두게 됩니다. 하지만 우리에게는 무임승차 욕구가 있습니다. 자기 행복만 생각한다면 결코 기부하지 않을 것입니다.

우리는 다음과 같은 방식으로 직접 실험을 해보았습니다. 사람들은 익명을 보장받은 후 총 열 번에 걸쳐 교류했습니다. 다만 컴퓨터 단말기를 이용해 교류했기 때문에 누가 누구인지 알 수는 없었습니다. 첫

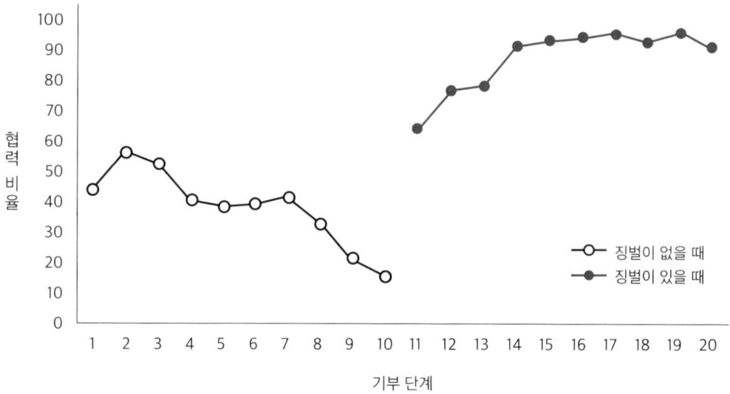

그림 10.1 공공재 실험

실험 참가자들은 열 번에 걸쳐 공공재에 기부할 수 있다. 매번 기부 여부를 결정한 다음에는 다른 참가자들이 얼마를 기부했는지 확인할 수 있다. 이 정보가 다음 단계에 얼마를 기부할지 결정하는 데 영향을 미쳤을 수 있다. 공공재 실험에 제재 기회가 없을 때는 열 단계를 마치는 사이에 기부금이 크게 줄어들었다. 그런데 실험에 제재 기회를 포함시키자 공공재에 대한 기부가 빠르게 증가해 마지막 스무 번째 단계에서는 기부 비율이 거의 100퍼센트에 가까워졌다.

번째 단계에서 참가자들은 공공재에 얼마를 기부할지 동시에 결정합니다. 그런 다음 전원이 기부한 내역을 피드백으로 제공받습니다. 그런 다음 다시 10달러를 나눠주고 기부를 할지 말지 결정하게 합니다. 이런 과정을 총 열 번에 걸쳐 반복했습니다.

어떤 결과가 나올까요? 참가자들은 첫 번째 단계에서 아주 훌륭하게 행동합니다. 1~2단계에서 참가자들은 가진 돈의 40~60퍼센트를 공공재에 투자했습니다. 이타심을 보여주는 신호이지요. 하지만 실험이 열 차례 계속되는 동안 협력 비율이 곤두박질칩니다. 이런 결과는 우리가 처음 실험을 진행했던 취리히에서만 나타난 게 아닙니다. 거의 보편적으로 관찰된 현상입니다. 제 동료인 시몬 게히터Simon Gäechter는 이 실험을 무려 15개 나라에서 해봤는데, 모두 똑같은 양상을 보였습니다.

조건부 협력자와 무임승차자

달라이 라마와의 대화

달라이 라마 처음에 협력하는 비율이 상당히 높은 이유는 왜 그럴까요? 신기하거나 호기심 혹은 흥분이 작용한 결과일까요?

에른스트 페르 정말 수수께끼이지요. 이번 모임에서 많은 분들이 말씀하신 것처럼 사람들은 이타적입니다. 하지만 열 번째 단계를 보시면 이타심이 아주 미약합니다. 반대로 첫 번째 단계에서는 썩 나쁘지 않습니다. 과연 컵에 물이 반이나 남은 걸까요, 아니면 반밖에 없는 걸까요? 사람들은 이타적일까요, 그렇지 않을까요? 어째서 이런 일이 벌어질까요?

우리가 지금까지 확인 바는 이렇습니다. 앞선 실험에서 참가자 절반 정도는 다른 참가자들도 기부를 할 것이라는 믿음이 강할수록 공공재에 더 많이 기부했습니다. 우리는 이런 유형의 사람들을 '조건부 협력자'라고 부릅니다. 그리고 참가자 중 30퍼센트는 다른 사람들에 대한 신뢰 정도와 무관하게 기부를 전혀 하지 않았습니다. 그러니까 참가자들 중에는 이기적인 사람도 있고 이타적인 사람도 있는데, 그 이타적인 사람들의 이타심이 한 가지 특징을 보인다는 이야기입니다. 조건부 협력 혹은 조건부 이타심인 것이지요. 다른 사람이 더 이타적으로 행동할 것이라는 믿음이 있을 때 자신도 더 이타적으로 행동하는 것입니다. 한편으로는 무척 희망적입니다. 내가 이타적으로 행동해 좋은 본보기를 제공하면 다른 사람들도 똑같이 행동하도록 장려하게 되니까요. 하지만 여기에도 위험이 존재합니다. 이기적인 사람들이 모든 상황을 우울하게 만듭니다. 그들의 이기심이 다른 사람들의 이타적인 행동을 억누릅니다.

실험 초반에는 많은 사람들이 다른 사람들의 이타심에 긍정적인 기대를 품지만 변함없는 무임승차자들 때문에 실망하고 맙니다. 다른 사람들이 무임승차 하는 모습을 보고 더는 그들을 부양하고 싶은 마음이 들지 않아 점차 협력을 중단하는 겁니다. 시간이 지나면서 모두가 협력을 중단하게 됩니다. 우리가 진행한 실험 중에 열 번째 단계에서 말 그대로 아무도 협력하지 않은 경우도 있었습니다. 협력 비율이 제로였습니다.

이 문제를 어떻게 해결할 수 있을까요? 문제로 바로 들어가기 전에 먼저 '이타심의 조건부the conditionality of altruism'가 얼마나 중요한지 짚어보겠습니다. 예를 들어 국가가 제공하는 복지 혜택을 부당하게 이용하는 문제를 생각해봅시다. 복지 혜택을 부적절하게 이용하는 사람들이 많다는 믿음이 확산될수록 그런 부당 행위에 동참하는 사람들이 늘어납니다. 복지 혜택을 요청하는 사람들이 적법한 자격을 갖췄는지 제대로 감시하지 않으면 자격이 안 되는 사람들도 혜택을 요구하면서 복지 제도를 악용하는 사례가 점점 늘어납니다. 부패도 마찬가지입니다. 사회 전반에 부패가 심할수록 부당한 일에 서슴없이 개입하는 개인도 늘어나게 마련입니다. 많은 범죄 행위를 목격할수록 평균적으로 보면 범죄 행위에 가담할 가능성이 높습니다. 이렇듯 조건부는 대단히 중요합니다. 결국 정책 수립자들과 CEO, 어쩌면 전 사회 구성원이 우리가 협력하리라는 기대를 확산시키는 데 기여해야 한다는 뜻입니다. 그것 자체가 협력을 만들어내니까요.

하지만 이미 살펴본 바와 같이 이것만으로는 충분하지 않습니다. 어떻게든 무임승차를 막는 제도가 뒷받침되지 않으면 기대는 쉽게 무너져버립니다. 과거에는 이 문제를 어떻게 다뤘을까요? 협력하지 않으면 제재를 가했습니다. 사회복지제도를 악용하는 사람, 범죄자, 세금을 제대로 내지 않는 사람 등에게 제재를 가한 것입니다. 하지만 법률과 민주주의, 공정한 경찰과 독립적인 재판부처럼 협력이 지속되도록 지원하는 제도는 모두 인류 역사에서 아주 최근에야 등장했습니다. 우리 역사의 99퍼센트에 해당하는 기간에는 그런 제도가 없었습니다. 여기서 수수께끼 같지만 아주 중요한 질문을 던져볼 수 있습니다. 인류는 어떻게 그 자체로 공공재인 제도들을 만들어낼 수 있었을까요?

취리히대학에서 진행했던 실험 결과를 기초로 부분적으로나마 답을 제시해보려 합니다. 앞서 소개했던 공공재 실험에 제재 기회를 추가한 실험을 진행했습니다. 각 단계에서 참가자들이 먼저 기부 금액을 결정합니다. 그런 다음 컴퓨터 화면으로 같은 그룹 내 다른 참가자들이 기부한 내역이 제공됩니다. 기부 내역을 확인한 참가자들은 자기가 가진 돈으로 다른 참가자들에게 제재를 가할 수 있습니다. 참가자가 제재를 위해 1달러를 쓸 때마다 제재 대상이 된 다른 참가자는 가진 돈이 3달러씩 줄어듭니다. 말도 안 되는 방식이라고 생각할 수도 있습니다. 과연 누가 그런 선택을 할까요? 하지만 실험에 참여한 사람들은 이 방식이 벌을 줄 수 있는 기회임을 금세 알아채고 무임승차자들에게 집중적으로 제재를 가했습니다. 이를테면 공공재에 소액을 기부하거나 전혀 기부하지 않은 사람에게는 강도 높은 제재를 가하고, 가진 돈의 절반을 기부한 사람에게는 약하게 제재를 가하거나 전혀 제재하지 않았습니다. 이런 제재가 어떤 효과가 있을지는 쉽게 짐작할 수 있을 것입니다. 무임승차할 가능성이 있었던 사람들이 그러지 못하게 됩니다. 왜냐하면 그들은 이제 경제학자나 게임 이론가들이 표현하는 '확실한 위협credible threat'에 직면했기 때문입니다.

이제 이타적 징벌이 만들어내는 변화를 살펴보겠습니다.

제재 기회가 없었을 때는 열 번째 단계에서 협력이 완전히 무너졌습니다. 열한 번째 단계에서 참가자들에게 서로를 제재할 수 있는 기회를 주자 아주 놀라운 결과가 나왔습니다. 열 번째 단계에서 기여한 금액이 말 그대로 제로였던 사람이 스무 번째 단계에서는 가진 돈의 대부분, 거의 100퍼센트를 기부한 것입니다. 놀랍지 않습니까? 같은 사람인데 말입니다. 어떤 면에서는 이 실험이 인간의 진화를 이야기하는 우화처럼 느껴질 수도 있습니다. 우리 인간은 국가가 세워지지 않았을 때에도, 법률과 같이 협력을 도모하는 기반이 갖춰지지 않았을 때에도 기본적인 공공재를 확보할 수 있었습니다. 우리에게 사회 규범을 따르지 않는 이들을 교화하려는 이타적인 성향이 있었기 때문입니다.

이제 문제는 이타적 징벌이 보편적인 방안이 될 수 있는가 하는 점입니다. 앞에서 협력이 와해되는 현상은 실험이 진행된 모든 나라에서 발견된 보편적인 특징이라고 말씀드렸습니다. 하지만 결과를 보면 징벌의 효과는 보편적이지 않습니다. 징벌만으로는 모든 집단의 사정이 보편적으로 나아지게 만들 수 없습니다. 그 이유는 징벌을 받으면 반격을 가하는 사람들이 있는 사회가 더러 있기 때문입니다. 제가 실험의 열네 번째 단계에서 윌리엄으로부터 제재를 받았다고 가정해봅시다. 그 일로 저는 화가 나고, 집단 내 누군가 한 사람이 벌을 줬다고 추측합니다. 그래서 저는 같은 집단에 속한 사람들에게 따끔한 교훈을 줘야겠다고 생각하여 열다섯 번째 단계에서 한 명을 선택합니다. 실험이 익명으로 진행되었기 때문에 제가 선택한 사람이 윌리엄이 맞는지는 알지 못하지만, 제가 원하는 것은 그저 일부 협력자들을 상대로 무차별 복수를 감행하는 것입니다. 이런 행위를 가리켜 '반사회적 징벌antisocial punishment'이라고 하는데, 일부 문화권에서는 아주 흔하게 일어납니다.

베네딕트 헤르만Benedikt Herrmann, 크리스찬 토니Christian Thöni, 시몬 게쉬터Simon Gächter[1]는 그리스와 일부 중동 국가를 포함한 여러 나라에서 반사회적 징벌이 자주 발생하는 반면, 스위스나 미국 등에서는 주로 사회친화적인 이타적 징벌이 나타나는 것을 확인했습니다. 이런 차이가 생기는 배경을 조사한 결과, 시민 규범이 확고하게 자리잡은 나라에서는 반사회적 징벌이 아주 적게 발생함을 알 수 있었습니다. 요금을 내지 않고 대중교통을 이용하는 행위는 옳지 않다고 생각하는 것도 시민 규범의 일종입니다. 결국 징벌만으로는 효과를 기대하기 어렵다는 것을 말해줍니다. 우리에게는 합리적인 사회 규범과 제대로 된 교육이 필요합니다. 그러면 이타적 징벌 기회와 어우러져 소중한 공공재를 창출할 수 있습니다. 시민 규범 확립에 성공한 문화에서는 공공재 문제를 아주 훌륭하게 해결한 덕분에 인간 복지에 많은 기여를 할 수 있었습니다.

제가 주장하는 바는, 공공재가 복지를 실현하는 결정적 요인이며, 공공재를 자발적으로 제공하려면 이타심이 필요하고, 많은 사람들이 이타적으로 협력하지만 그것만으로는 충분하지 않다는 것입니다. 그 이유는 소수의 이기적인 사람들이 대다수의 이타적인 협력을 방해하기 때문입니다. 다행히 많은 사람들에게는 이타적으로 징벌을 가하는 성향도 있어서 올바른 문화 규범이 자리잡은 사회라면 소수의 몇 사람에게만 이타적인 징벌을 가해도 전체적인 협력을 도모할 수 있습니다. 여기서 교육의 중요성과 함께 이번 콘퍼런스 같은 사업의 가치가 다시 한번 확인됩니다.

여기서 중요한 교훈은 똑같은 사람이 파괴적인 결과를 만들어낼 수도 있고 유익한 결과를 만들어낼 수도 있다는 사실입니다. 전적으로 우리가 어떤 제도를 만들고 어떤 행동 기회를 제공하느냐에 달린 문제입니다. 오늘날 금융 시장을 규제하는 것도 그런 이유에서입니다. 모두 게임의 법칙과 관련이 있습니다. 어떻게 하면 사회에 해를 끼치지 않는 방식으로 탐욕과 이기심을 억제할 수 있을까요? 경제학은 흔히 '음울한 학문'이라고 불립니다. 하지만 어떤 면에서 경제학은 아주 고귀한 학문입니다. 우리가 복지를 향상시킬 수 있는 제도를 만들도록 해주니까요.

3부

미래 자본으로서 이타심

11장 ——— 통합적 경영과 이윤 추구

안전과 온전한 생태계, 유대감과 행복,
그리고 의미 있는 삶이야말로
미래 사회가 필요로 하는 명품의 기준이 된다.

- 자산관리 전문가, 앙투아네트 훈지커-에브네터

앙투아네트 훈지커-에브네터

Antoinette Hunziker-Ebneter

독립 자산 관리 회사인 포르마 푸투라 인베스트Forma Futura Invest Inc.의 공동 설립자이자 CEO로서 기업의 건전한 지배 구조와 사회적·환경적 책임을 구현하는 투자 기회 개발에 집중하고 있다. 스위스 증권거래소 대표를 지냈으며 최초의 범유럽 증권거래소인 버트엑스virt-x의 CEO를 역임했다.

그녀는 적절한 유형의 기업에 투자함으로써 사회적·환경적 복지를 도모하고 이윤도 창출할 수 있는 방법을 제시한다. 우리가 이런 식으로 책임 있는 이윤을 얻고자 투자할 때 노동자에서부터 경영진, 투자자에 이르기까지 사람들 대다수가 인간과 지구를 위해 더 나은 삶의 질을 완성하는 데 기여할 수 있다고 주장한다.

지속 가능성의 기반은 순환

돈은 없어서는 안 될 자원이며 물이나 지식처럼 순환합니다. 돈은 흘러야 합니다. 지속 가능성의 기반이 순환이기 때문에 돈을 가진 사람들은 투자에 앞서 반드시 다음과 같은 질문을 곰곰이 생각해봐야 합니다. '우리는 어떤 유형의 경영 방식과 사람, 상품, 서비스, 생산 공정에 재정적으로, 사회적으로, 윤리적으로 투자하고 싶은가?'

현재 우리가 가진 금융 시스템은 우리에게 책임이 있습니다. 경제 시스템도 우리 책임입니다. 이 두 시스템은 금융계에 엄청난 거품을 만들어내며 앞으로도 계속 그럴 것입니다. 이 거품으로부터 이익을 얻고 있는 사람은 누구일까요? 몇 안 되는 아주 탐욕스러운 사람들이 이익을 챙기고 있습니다. 그사이 대부분의 사람들은 돈뿐만 아니라 일자리와 삶의 질까지 잃고 있습니다.

우리는 모두 그런 시스템에 동참하고 있습니다. 이제 각자 스스로에게 질문을 던져야 합니다. '지금 이대로 무지한 채로 지내도 괜찮은가?' 책임감 있게 시스템에 참여하려면 정보를 공유해야 합니다. 오늘날의 경제 시스템을 분석해보면 물질적 성장과 이익의 극대화, 효율성과 단기 성과주의, 개인주의 그리고 폭이 좁은 직선적 사고방식에 가치를 두고 있습니다. 이것들이 정말로 우리 소비자와 투자자가 중시하는 가치인가요? (다행히) 그렇게 생각하는 사람들이 점점 줄어드는 것 같습니다. 어디에 투자할지 매우 신중하게 따져보고 결정하는 고객들이 있습니다. 그저 이윤만 추구하던 과거와 달리 목적이 있는 이윤을 추구하고, 양보다 삶의 질을 중시하는 투자로 바뀌고 있으며, 무형의 가치가 갈수록 더 중요해지고 있습니다.

지속 가능한 투자 방식의 기준

인간의 금전적 욕구를 피라미드로 표현한 그림 11.1을 보면, 사람은 가장 먼저 음식과 마실 것, 집과 교육 같은 기본적 욕구를 충족하고자 합니다. 그런 다음 아플 때 등을 대비한 안전 자금을 보유하려고 합니다. 그보다 좀더 많은 돈을 벌면 운동이나 예술 같은 취미 활동에 지출할 것입니다. 그리고 마지막에는 이윤을 얻고 싶은 마음이 생길 것입니다.

만약 당신이 마지막 단계에 이르러 당신의 투자가 미치는 영향을 인식한다면 책임감 있게 투자하고 삶의 질을 개선하는 방향으로 돈을 쓸 수 있습니다.

제가 설립한 독립 자산 관리 회사 포르마 푸투라에서는 180가지 지속 가능성 요인을 기준으로 기업을 분석합니다. 경영 상태를 들여다보

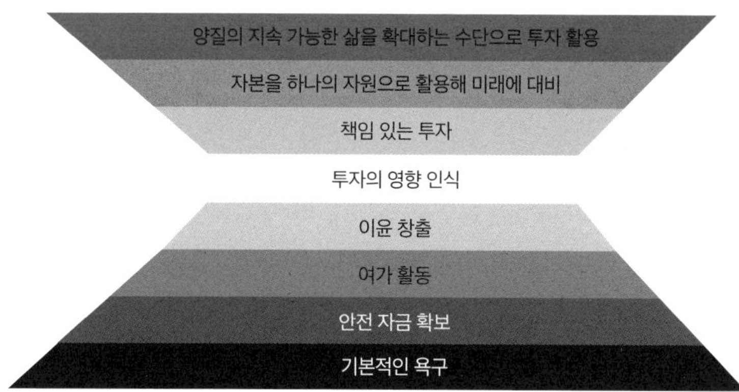

그림 11.1 금전적 욕구 위계
미래에는 투자자들이 돈으로 금전적 욕구를 충족하고 이익을 실현하는 것에 만족하지 못하기 때문에 새로운 가치 추구 기회를 제공해야 할 것으로 보인다.

며 누가 기업을 이끄는지, 어떤 가치를 내세우는지, 홍보한 내용이 실제로 이루어지고 있는지, 인센티브 제도는 어떤 것이 있으며 장기적인 관점에서 만들어졌는지 살펴봅니다. 기업들 중에는 매년 이산화탄소 배출량을 줄인다든가 하는 지속 가능성 목표를 세우고, 이를 인센티브 제도에 적용하는 곳도 있습니다.

저는 포르마 푸투라를 설립하기 전에 투자은행에서 일했습니다. 당시 저는 우리 은행의 가치를 존중하는 정도에 따라 보너스를 지급하는 인센티브 제도를 도입했습니다. 그때 주요 가치 중 하나가 공정한 고객 대우였습니다. 그래서 저는 고객에게 금융 상품과 보험을 팔아 남긴 이윤을 따져본 다음 이익을 과도하게 챙긴 직원에게는 보너스를 적게 지급했습니다. 짐작하시겠지만, 이 정책을 시행한 지 3~6개월 만에 직원들의 행동이 크게 달라졌습니다. 고객을 공정하게 대할 때 비로소 장기적인 관계를 맺고 더욱 책임감 있게 투자하도록 설득할 수 있습니다.

포르마 푸투라에서는 기업들이 어떻게 혁신을 장려하는지도 평가합니다. 이제 열일곱 살 된 제 아들이 언젠가는 화석 연료를 사용하지 않는 자동차를 타고 다닐 날이 오기를 기대 합니다만, 그것은 앞으로 운송 분야에 혁신이 일어나야만 가능한 일입니다. 혁신은 그에 맞는 문화와 플랫폼을 필요로 합니다. 여러 분야의 전문 지식과 다양한 배경을 지닌 이들의 의견도 종합해야 합니다.

우리는 기업들이 온실가스를 얼마나 배출하는지, 희귀 자원을 어떻게 관리하는지, 서비스가 충분히 제공되지 못하고 있는 시장에 적합한 상품을 확보하고 있는지, 노동·생산·자재 구매 관행에서 인권을 얼마나 진지하게 고려하는지도 평가합니다. 이렇게 지속 가능성 분석을 마친 뒤에는 전통적인 방식으로 재무 분석도 합니다. 투자자들은 오로지 이 모든 검증 과정을 통과한 기업에만 투자합니다.

지난 3년 반 동안 우리가 증명해 보인 것은 이런 식으로 투자했을 때 최소한 전통적인 방식의 투자로 거둘 수 있는 정도의 수익은 올린다는 사실입니다. 우리가 발견한 또 한 가지는 지속 가능한 기업들은 자본시장에서 다른 기업들보다 더 적은 비용으로 자본을 축적한다는 점입니다. 아마도 위험 관리를 더 잘하고, 그런 사실을 외부에 적극적으로 알리기 때문으로 보입니다.

현재 유럽에서는 전체 투자 자금의 3퍼센트가 지속 가능한 방식으로 투자됩니다. 미국에서는 약 10퍼센트가 그렇습니다. 개인적인 바람은 제 생전에 이 수치를 25퍼센트까지 끌어올리는 것입니다. 그러기

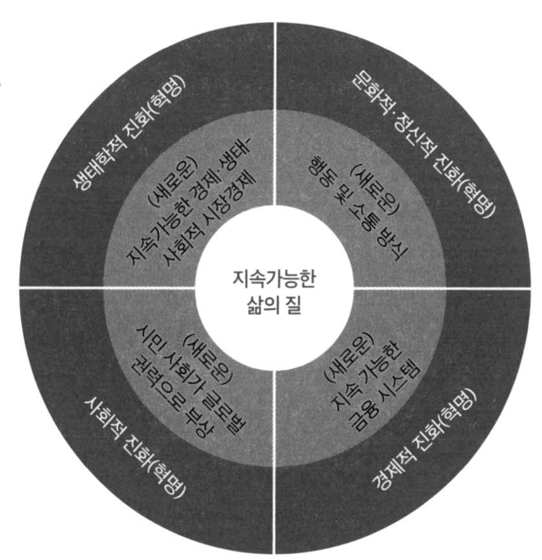

그림 11.2 네 가지 글로벌 진화(혁명)

지속 가능한 삶의 질을 향한 변화는 전 세계의 사회적·경제적·문화적·생태학적 진화(혁명)에 달렸다.

위해 동료와 직원들, 그리고 고객과 함께 노력해 기업 경영진이 더는 사회적·생태학적 요인을 무시하지 못하게 만들고 싶습니다.

투자 방식을 바꾸는 것은 올바른 방향으로 나아가는 중요한 한 걸음이 될 것입니다. 하지만 그것만으로 우리에게 필요한 윤리적이고 지속 가능한 종합적인 해결책을 마련하기에는 역부족입니다.

그러면 우리가 할 수 있는 일이 뭐가 더 있을까요? 제 생각에는 전 세계적으로 그림 11.2와 같은 네 가지 진화 혹은 혁명이 일어나거나 아니면 둘 다 병행되어야 합니다. 개인적으로는 진화의 형태가 더 적절하다고 생각합니다. 그러나 금융 위기의 여파로 볼 때 단순히 진화 방식만으로 우리에게 필요한 변화를 이룰 수 있을지 의문입니다.

먼저 생태학적 진화(혁명)와 환경을 보호하는 시장경제가 필요합니다. 온실가스를 배출하는 사람은 당연히 그 대가를 치러야 합니다. 따라서 기존의 가격 산정 모델에 환경 피해를 포함시켜야 합니다.

그다음으로는 지속 가능한 금융 시스템이 필요합니다. 이를 위해서는 우선 합리적인 목표가 설정되어야 합니다. 지금 우리의 경제 시스템에서는 어떤 종류의 목표를 설정하나요? 보통 GDP를 측정합니다. 그런데 GDP가 삶의 질을 높여주나요? 어느 정도만 그렇습니다. 질병 일수를 살펴보면, 질병 일수가 길수록 GDP가 올라갑니다. 그런데 부탄에서는 건강 일수를 측정합니다. 부탄 사람들은 '국민 총 행복 지수gross national happiness index'라는 것을 개발했습니다. 우리도 점차 이런 방향으로 바뀌어 우리 자신과 지역 공동체, 기업과 생태계를 위해 합리적인 목표를 세워야 합니다.

지속 가능한 금융 시스템은 법적 효력을 갖는 효과적인 규제 틀도 필요로 합니다. 가장 중요한 요인이 자기자본비율equity-to-assets-ratio입니다. 은행이 스스로 초래한 위험을 감당할 수 있어야 하니까요. 카지노에 가본 적이 있을지 모르겠습니다. 혹시 가게 된다면 100퍼센트 자기 자본만 갖고 들어가야 합니다. 지금껏 은행이 기업에 투자해온 방식은 순전히 '투기'였습니다. 이 또한 일종의 도박이어서 모든 은행은 당연히 자기 자본을 이용해야 합니다. 하지만 최근 몇 년 사이 은행들은 규제 당국에 압력을 가하며 오히려 자기자본비율을 낮췄습니다. 금융 위기 이후 일부 은행은 자기자본비율을 높였지만 그 정도로는 충분하지 않습니다.

지속 가능한 금융 시스템은 책임지는 구조에서 가능합니다. 대기업 이사회가 해야 할 임무 중 하나가 위험 요소를 찾아내는 일입니다. 그러려면 어디서 위험이 발생할 가능성이 있는지, 그것을 어떻게 해결할 수 있을지 진지하게 따져 물어야 합니다. 무언가 이해되지 않는 게 있다면 그 일은 절대 해서는 안 됩니다.

개인적으로는 이런 변화를 지금의 기업 대표들이 이끌어낼 수 있을 것이라고 기대하지 않습니다. 사회적 진화 혹은 혁명이 일어나 우리 시민 사회가 책임 있게 행동할 때 비로소 진정한 변화가 일어날 것이라고 믿습니다. 어떤 재화를 얼마나 소비할지 고민하고 결정하는 일은 전적으로 우리에게 달렸습니다. (미래 사회가 필요로 하는) 새로운 명품은 물질적인 것이 아닙니다. 안전과 온전한 생태계, 유대감과 행복, 그리고 의미 있는 삶입니다.

당연히 문화적으로나 정신적으로도 진화가 필요합니다만, 이 분야는 달라이 라마의 전문 영역이니, 앞으로 이와 관련해 어떤 일을 더 하실지 기대가 큽니다. 달라이 라마와 같은 정신적 지도자들의 도움으로 우리는 결국 지속 가능한 삶의 질을 추구할 수 있게 될 것입니다.

한계를 분명히 인식하는 태도

달라이 라마와의 대화

달라이 라마 훌륭합니다. 지금의 상황과 기존 시스템의 한계를 인식하는 사람들이 늘고 있다니 정말 다행입니다. 지금 우리에게는 변화가 필요하니까요.

저는 우리 인간이 각자의 지성을 잘 활용하고 세상을 좀더 폭넓게 인식한다면 이런 문제를 극복할 방법과 수단을 찾을 수 있을 것이라고 믿습니다. 우리가 살아 있는 동안 모든 것을 이루기는 어렵겠지만 상관없습니다. 우리보다 젊고 어린 세대들이 장차 해결해나갈 수 있도록 우리는 이 문제들을 고민하고, 조사하고, 확실히 밝혀둬야 합니다.

거트 스코벨 앞서 소개하신 지속 가능한 투자 방식 역시 사고파는 다른 상품처럼 이윤을 내야 한다고 말씀하셨는데, 어떤 점이 다른가요? 한 사람의 소비자로서 듣기에는 목적이 있는 이윤과 평범한 이윤의 차이를 잘 모르겠습니다. 좀더 장기적으로 생각한다는 차이인가요?

앙투아네트 훈지커-에브네터 맞습니다. 스위스와 독일 등에 있는 중간 규모 기업들이 바로 이런 방식으로 운영됩니다. 예를 들어, 일정 기간 실적이 감소하면 먼저 기업 소유주의 수입을 줄입니다. 직원을 해고하거나 직원에게 무급 휴가를 주지 않습니다. 이 같은 장기적인 사고는 노하우를 축적하고 신뢰를 구축하며, 진정한 의미에서 충성심을 높이는 결과로 이어집니다. 직원들이 최선을 다해 일하고, 진정으로 혁신을 꾀하며, 적극적으로 아이디어를 제공하게 하려면 먼저 믿고 일할 수 있는 환경을 보장해야 합니다.

지금도 많은 사람들이 그렇지만, 언제 일자리를 잃을지 몰라 걱정하는 직원들에게 통찰력을 기대하기는 쉽지 않습니다. 지속 가능한 이윤은 장기 지향적이기 때문에 우리가 자연에서 보는 것처럼 크게 성장하지 않는 기간도 있을 것입니다. 나무들이 끝없이 성장하는 게 아닌 것처럼 말입니다. 이런 것을 받아들여야 합니다. 기업이 장기적 관점을 갖고, 투자자들이 매년 두 자릿수 수익률을 요구하지 않는다면 가능한 일입니다. 따라서 상당 부분 고객에게 달린 일이기도 합니다.

거트 스코벨 그러니까 결국에는 이윤을 얻는다는 말씀이군요? 처음에는 이윤이 많지 않을 수 있지만 장기적으로 보면 꾸준하게 발생한다고요.

앙트와네트 훈지커-에브네터 그렇습니다. 이런 식의 투자는 기업들이 당면한 환경 문제를 해결할 실질적인 방법을 연구할 수 있도록 시간을 벌어줍니다. 예를 들어, 에너지 효율 면에서 어떤 기업이 '5년 뒤에는 에너지 절약형 친환경 제품green products이 우리 매출의 절반을 차지하도록 한다'고 목표를 세울 수 있습니다. 그럴 때 투자자들은 아주 의미 있는 일을 제안하는 데서 그치지 않고 기업을 성장시키는 데 직접 참여할 수 있습니다. 또는 좀더 낮은 온도에서도 빨래가 잘 되게 하는 효소를 개발하는 기업들도 있습니다. 우리에게는 제품의 경제, 사회 그리고 생태학적 영향을 모두 고려하는 종합적인 관점이 필요합니다. 이렇듯 통합적인 방식의 경영이 이윤을 내면 좋은 일입니다. 우리도 직원들과 우리 자신에게 보수를 지급하고 혁신도 하려면 합리적인 수준에서 이윤을 창출해야 하니까요.

달라이 라마 한계를 분명하게 인식하는 태도가 중요합니다. 저는 사람들에게 물질적인 발전에는 언제나 한계가 있게 마련이니 만족할 줄 아는 연습을 해두는 게 좋다고 말합니다. 하지만 정신적 발달에는 한계가 없기 때문에 만족하고 안주하기보다 계속해서 더 발전하려고 노력해야 합니다. 그런데 보통은 반대로 행동합니다. 누구도 정신 발달에는 신경쓰지 않습니다. 반면에 물질적인 측면에는 한계가 있음에도 불구하고 한계를 넘어설 수 있지 않을까 하는 헛된 희망을 품습니다.

12장 — 13달러 소액금융이 일으킨 기적

돈이 없으면 돈 벌기는 아주 어렵다.
돈이 조금이라도 있으면 그 종잣돈을 불리기는 아주 쉽다.
그러나 우리는 돈이 최종 목표가 아니라는 사실을 기억해야 한다.
목표는 더 나은 삶을 사는 것이다.

- 금융 전문가, 아서 베일로이언

아서 베일로이언

Arthur Vayloyan

1992년부터 2012년까지 크레디트 스위스Credit Suisse에서 여러 고위직을 역임했다. 크레디트 스위스의 프라이빗 뱅킹 관리 위원회 위원이었으며, 스위스 프라이빗 뱅킹 부문과 글로벌 자산관리 부문 대표를 지냈다. 나노 기술과 혁신, 소액금융에 특히 관심이 많다.

그는 크레디트 스위스가 소액금융에 참여해온 역사와 그 중요성에 대해 소개한다. 소액금융은 가난한 사람들이 소득이 높은 사람들의 돈을 빌려 가난에서 벗어나는 데 활용하도록 돕는 효율적이면서도 수익성 또한 좋은 지속 가능한 방식을 창조해왔다. 대형 은행이 소액금융 운동에 동참할 가능성과 그로 인한 위험성에 대해서도 논의한다.

빈곤 감소를 위한 금융 서비스

우리가 대형 은행과 거대 기업에 대해 이야기하고 관련 기사를 읽을 때, 그 큰 조직 안에 애쓰는 사람들이 있다는 사실을 자주 잊어버리곤 합니다.

21세기가 시작될 무렵 크레디트 스위스에는 세계 진보와 빈곤 감소를 위해 무엇을 하면 실질적인 도움이 될까를 고민하기 시작한 사람들이 있었습니다. 우리가 가난을 이야기할 때 쉽게 생각하지 못하는 것 중 하나가 바로 금융 서비스 이용의 중요성입니다. 우리는 일상적으로 금융 서비스를 이용하고 있어 그것을 당연하게 여기지만 아직까지 금융 서비스를 이용하지 못하는 인구가 수십억에 달합니다.

"신경 끄게, 이건 우리가 할 일이 아니야."

초창기 크레디트 스위스 내부의 반응은 이러했습니다. 그래서 애초에 문제의식을 품었던 몇몇 사람들은 다시 고민해야 했습니다. '은행의 본래 업무와 어려움에 처한 수십억 인구를 효과적으로 연결시킬 방법이 있을까?' 그 무렵에 마침 소액금융이 알려지기 시작해, "우리도 한 번 해보면 어때?" 하는 이야기가 나왔습니다. 논쟁이 벌어졌습니다. 세상이 계속 좋아지고 있기 때문에 우리까지 나서서 이 일을 할 필요가 없다는 의견이 있었던 것입니다. 1980년에 세계 인구는 44억이었고, 1990년에는 53억, 2000년에 60억, 그리고 조만간 75억을 넘어설 것입니다.[1] 다소 의외이지만, 그사이 극빈자 비율이 줄어들었습니다. 1980년에는 생존에 필요한 최저 수입을 가리키는 '빈곤선poverty line'보다 낮은 소득으로 생활하는 사람이 19억 명으로 당시 세계 인구의 40퍼센트를 넘었으나, 현재는 20퍼센트 정도로 낮아졌습니다.

일반적으로 보면 극빈자 비율이 감소한 것은 맞습니다. 하지만 지역별로 사정이 크게 다르고, 아직도 전 세계 수백만 명이 절망적인 처지에 있습니다. 앙골라의 아동 사망률은 18퍼센트입니다. 부르키나파소는 문맹률이 무려 76퍼센트입니다. 모잠비크의 1인당 하루 소득은 2달러이고, 스와질란드의 기대 수명은 32세입니다. 제가 인용한 수치는 주로 아프리카에 해당합니다만, 다른 지역에서도 이 같은 통계를 쉽게 찾을 수 있습니다. 도움이 계속해서 필요한데도 불구하고 지원은 증가하지 않고 있습니다. 따라서 느긋하게 앉아 세상은 알아서 잘 돌아갈 거라고 말하는 건 궁색한 대답입니다. 갈수록 집단 이주가 늘고 있습니다. 사람들이 먹고살 수 있는 곳을 찾아 빈곤 지역을 탈출하기 때문입니다.

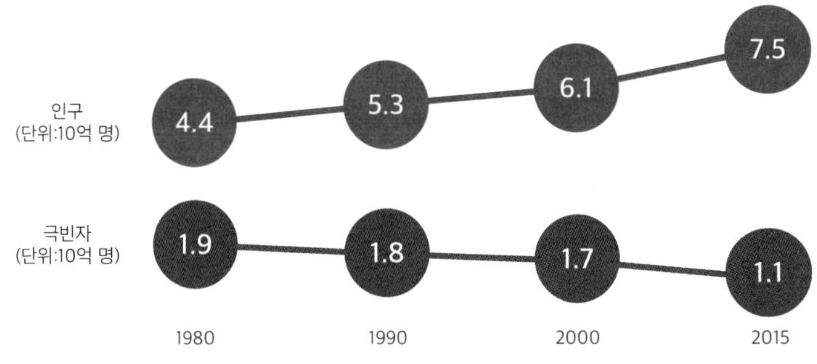

그림 12.1 세계 인구와 극빈자 증감 추세

네 아이의 엄마 피피가 빌린 13달러의 기적

우리가 반드시 관심을 가져야 할 또 하나의 문제는 '청년층의 급격한 증가youth bulge', 즉 한 사회 내에 젊은 층 비율이 급증하는 현상입니다. 선진국에서는 15~20세 인구가 10퍼센트 안팎으로 비중이 낮습니다. 반면 개발도상국에는 미래가 불투명한 청년층의 비중이 매우 높습니다. 아시다시피 미래가 없는 청년들은 온갖 종류의 과격한 이데올로기의 희생양이 되기 쉽습니다.

이런 상황에서 우리에게 정말로 소액금융이 필요할까요? 먼저 소액금융이 어떤 것인지 이해할 필요가 있습니다. 아주 간단하게 말씀드리면 대출, 결제, 예금, 보험 등 일반 금융 서비스와 똑같은 업무를 합니다. 보통 소액금융이라고 하면 소액대출로만 이해하기 쉬운데, 실제 소액금융에는 모든 전통적인 금융 활동이 포함됩니다.

수많은 사례 중 한 가지 일화를 소개해보겠습니다. 네 아이의 엄마인 피피Phi Phi는 캄보디아의 한 마을에 삽니다. 피피는 돈이 한 푼도 없었습니다. 피피가 처음 대출받은 금액은 단 13달러. 그 돈으로 피피는 사업을 새로 시작할 수 있었습니다. 그전까지 힘든 목공 일을 했는데 설탕을 생산하는 일로 바꿨습니다. 피피는 첫 대출금으로 비료 몇 자루와 사다리로 쓸 대나무를 조금 구입했습니다. 그 덕분에 하루에 생산할 수 있는 설탕이 전보다 늘었습니다. 몇 년 뒤 피피는 열두 번째 대출금 65달러를 이용해 땅을 조금 더 매입하고 아들 한 명을 대학에 보낼 수 있었습니다. 피피에게 대출을 해준 곳은 캄보디아의 '암레트Amret'라는 소액금융기관으로 크레디트 스위스 소액금융기금에서 자금을 지원하는 곳입니다.

종잣돈이 없으면 돈을 벌기가 아주 어렵습니다. 하지만 돈이 조금이라도 있으면 그 돈을 불리기는 훨씬 쉽습니다. 여러분이 기업가이고 좋은 사업 아이디어가 있다고 생각해보세요. 종잣돈을 불리기는 아주 쉽습니다. 피피 같은 여성이 어떻게 생애 첫 대출 자격을 얻을 수 있었을까요? 소액금융을 이야기할 때 사람들은 대체로 이 대목을 아주 감성적으로 받아들입니다. 하지만 소액대출도 신청자가 자격 심사를 통과해야만 대출을 받을 수 있습니다. 상환이 연체되면 불이익이 따르고 제때 상환하면 혜택이 제공됩니다. 사실 피피는 소속이 있었기 때문에 대출을 받을 수 있었습니다. 그래서 소액금융은 흔히 '마을 은행village banking'이나 '연대 금융solidarity banking'이라고 불립니다. 만약 피피가 혼자였다면 대출 자격 심사에서 떨어졌겠지만 소속이 있었기에 대출을 받을 수 있었습니다.

이 사례에서 주목할 것이 또 한 가지 있습니다. 대출 수혜자가 여성인 것은 결코 우연이 아닙니다. 소액금융 상품 중에 특별히 여성을 대상으로 한 상품이 많은 이유는 여성이 남성에 비해 대출 상환 비율이 높고, 가족 전체의 행복을 위해 기꺼이 책임을 감당하는 경우가 많기 때문입니다. 빈손으로 시작해 뭔가 이루어낸 소자본 창업가들microentrepreneurs 대부분 여성이라는 사실이 전혀 놀랍지 않은 이유입니다. 피피는 대출받은 소액 자본으로 작은 성공을 이루어냈습니다. 피피에게는 소액금융기관과 그녀를 돕는 대출 담당자 같은 지원 세력이 있었기에 사업을 키우고 돈도 더 많이 벌 수 있었습니다. 피피가 대출을 상환하는 바로 그 순간 신뢰가 쌓이고, 바로 그 신뢰 자본 덕분에 더 많은 금액을 대출받을 자격이 생깁니다. 하지만 우리는 여기에서 돈이 최종 목표가 아니라는 사실을 기억해야 합니다. 피피의 목표는 자녀를 학교에 보내고, 양질의 의료 서비스를 이용하며, 살 집을 장만하는 등 그녀가 처음 사업을 시작했을 때보다 더 나은 삶을 사는 것입니다.

부富의 피라미드와 소액금융 펀드

우리가 이야기를 나누고 있는 지금, 전 세계 1억 5,500만 명이 소액대출 고객입니다. 450억 달러라는 믿기 어려운 대출금이 전 세계에 분산되어 있습니다. 이 수치는 비단 우리 은행뿐 아니라 소액금융 시장 전체를 반영한 규모입니다. 그렇다고 이대로 멈춰 서서 "아주 대단해, 우리가 뭔가 해냈어"라고 말할 상황은 아닙니다. 그보다 10배가 넘는 잠재 고객이 있으니 여기서 만족할 수 없습니다. 현재 전 세계 성인 중 25억 명이 저축이나 대출 목적으로 은행이나 소액금융기관을 이용할

수 없는 처지인 것으로 추산됩니다.[2]

원조만으로 효과를 기대하기는 어렵습니다. 은행이 실질적으로 도움을 줄 수 있다고 생각하는 지점이 바로 여기에 있습니다. 은행은 부의 피라미드 맨 꼭대기에 있는 고객을 상대합니다. 전 세계 65억 인구 중 100만 달러 이상의 금융 자산을 보유하고 있는 약 1,000만 명이 바로 그들입니다. 피라미드의 맨 아래층은 아주 넓습니다. 각 나라의 화폐 가치와 GDP를 반영해 실제 구매력을 나타내는 구매력 평가지수purchasing power parity가 하루 4달러 미만인 45억 명이 자본을 구하지 못하고 있는 상황입니다. 우리가 장기적인 관점에서 맨 꼭대기에 있는 부를 맨 아래층으로 지속적으로 전달할 수 있다면 발전 속도를 높일 수 있을 것입니다.

구체적으로 실천하려면 어떻게 해야 할까요? 단순히 돈을 가져다 "나한테 돈이 좀 있는데, 누구 필요한 사람 있어요?"라고 말하는 것은 효과적인 방법이 아니라는 것쯤은 잘 아실 겁니다.

크레디트 스위스에서는 기존 고객은 물론 이 사업에 관심 있는 누구에게나 제안할 수 있는 아주 단순한 방법이 필요하다고 생각했습니다. 우리의 아이디어를 이해하고 지지하며, '소액금융 펀드microfinance fund'에 돈을 맡길 투자자들을 찾아야 했습니다. 이렇게 모인 소액금융 자금은 전 세계 35개국에 퍼져 있는 소액금융기관과 은행, 준은행quasi-banks에 보내집니다. 그러면 소액금융 서비스를 제공하는 이런 곳에서 소자본 창업가들에게 소액대출을 해주는 것입니다. 피피가 13달러를 대출받은 것처럼 말입니다.

펀드에 투자하면 이자를 받을 수 있습니다. 크레디트 스위스가 소액

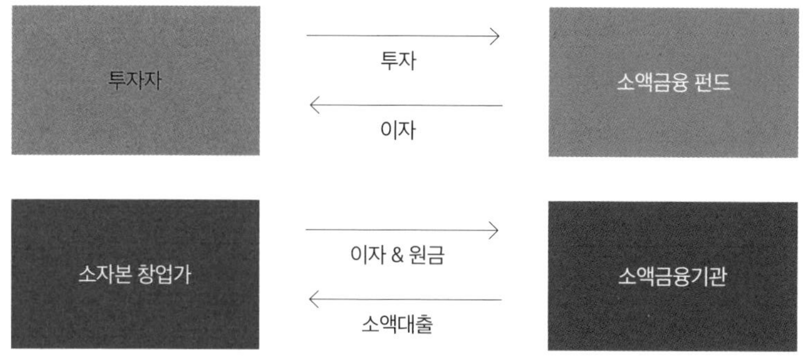

그림 12.2 소액금융의 거래 구조

금융기관에 지원하는 자금에도 이자가 붙습니다. 그래서 대출 고객은 소액금융기관에 대출 원금과 함께 이자를 갚아야 합니다. 금융 서비스는 이런 식으로 운영됩니다.

제가 처음 크레디트 스위스 이사회에서 이 아이디어를 발표했을 때, 왜 남의 귀한 시간을 낭비하게 하느냐고 나무라는 분도 있었습니다. 처음에는 펀드 규모가 아주 작았기 때문에 그랬을 것입니다. 어떻게 하면 좋을지 심사숙고한 끝에 마침내 실행에 옮겼습니다. 2003년 말, 우리는 친구와 가족 등 우리를 진심으로 신뢰하고, 우리의 아이디어가 투자할 만한 가치가 있다고 생각하는 이들로부터 지원받은 400만 달러를 갖고 프로젝트를 시작했습니다. 이후 전개된 방식은 아주 극적입니다. 불과 1년 만에 규모가 10배로 커졌고, 그로부터 다시 1년 뒤에는 5배가 더 불어났습니다. 그렇게 성장을 거듭해 지금은 10억 달러에 육박합니다. 10억 달러가 투자됐다는 이야기는 소자본 창업가 수십만 명의 삶이 더 나아질 수 있다는 의미입니다. 우리는 여기서 성장이 멈출 거라고 보지 않습니다.

우려했던 것과 달리 글로벌 금융 위기는 소액금융 발전에 전혀 피해를 주지 않았습니다. 소자본 창업가들이 어떤 식으로도 앞서 앙투아네트가 보여줬던 경제 피라미드[3]의 꼭대기 층과 연결되지 않았기 때문입니다. 꼭대기 층을 차지하고 있는 사람들은 모든 재정적 욕구가 충족되었기에 돈을 어디에 투자할지에 관해 까다로울 수 있습니다.

물론 소액금융이 모든 문제를 해결할 수는 없습니다. 작지만 거대한 영향력을 발휘할 수 있는 '촉매제'라는 표현이 오히려 소액금융에 가장 잘 어울리는 것 같습니다. 처음에는 아무도 기대하지 않았습니다만, 소액금융은 지금껏 성장해왔고 앞으로도 계속 성장할 것입니다. 넬슨 만델라가 남긴 말로 발표를 마치겠습니다.

"모든 일은 해내기 전까지는 언제나 불가능해 보인다."

극소수만 부를 축적하는 경제는 이제 그만!

달라이 라마와의 대화

달라이 라마 소액금융 투자도 수익을 냅니다. 순수하게 투자 수익 관점에서 보면 기존 방식의 투자와 비교했을 때 실적이 어떻습니까?

아서 베일로이언 수익률이 20퍼센트까지 높아지는 것은 확실히 불가능합니다. 그런 목표를 세우지도 않고요. 우리는 이렇게 생각합니다. 최근에는 은행에 돈을 넣어두어도 이자를 거의 못 받습니다. 하지만 소액금융 펀드에 투자하면 2퍼센트대 수익은 올릴 수 있습니다. 2009년에 소액금융 펀드 수익률이 6퍼센트에 육박했습니다. 글로벌 금융 위기 와중에 거둔 놀라운 성과였습니다. 하지만 소자본 창업가들이 부담하는 이자는 6퍼센트가 넘습니다. 소액금융 기관이 투자수익률보다 더 높은 이자를 받는 이유는 직원 임금과 운영에 필요한 자금을 마련해야 하기 때문입니다. 또한 가능하다면 합리적인 수준의 이익을 남기기 위해서입니다. 소액금융이 없다면 부의 피라미드 밑바닥에 있는 많은 사람들은 비참한 생활을 계속하거나 고리대금업자를 찾아가는 것밖에 달리 방법이 없습니다. 참으로 잔인하고 가혹한 선택지입니다. 1976년은 방글라데시에서 소액금융 아이디어가 되살아난 때입니다. 사실 소액금융은 아주 오래전부터 있었던 아이디어입니다. 그것을 당시 대학교수였던 무하마드 유누스Muhammad Yunus가 방글라데시에서 되살린 것입니다. 유누스는 공짜로 돈을 내주자니 자선단체나 원조단체와 다를 게 없고, 그렇다고 남의 가난을 빌미로 엄청난 부를 축적하는 고리대금업자처럼 이자를 막무가내로 올릴 수도 없었습니다. 이자는 지역과 국가에 따라 달라지겠지만, 어디에서든 적정 수준의 이자가 어느 정도인지 생각해봐야 합니다.

마티외 리카르 무하마드 유누스는 '이타적 경제selfless economy'에 대해 이야기합니다. 이타적 경제에서도 이익을 내지만 시스템 자체나 제한된 극소수만이 이익을 축적하지 않습니다. 그 대신 여성이 직업을 갖고 아이들을 학교에 보낼 수 있게 도와주는 것처럼 사회적 진보를 지원합니다. 연말 손익계산서에는 얼마나 많은 수익을 올렸으며 보너스를 얼마나 받았는지가 아니라, 자신의 활동으로 얼마나 많은 사람들이 혜택을 입었는지가 표시됩니다. 진정한 손익계산서이지요. 얼마나 많은 아이들이 학교에 가고 얼마나 많은 사람들이 가난에서 벗어났는지를 통해 자신이 얼마나 능률적으로 일했는지를 평가받습니다. 2010년 스위스 다보스에서 열린 세계경제포럼 연례 회의에서 무하마드 유누스는 기존의 일반적인 경제 시스템과 경쟁하지 않는 사회친화적 기업들을 위한 월스트리트가 생겨날 수 있다고 말했습니다. 이는 쉽게 구체화될 수 있습니다. 그렇게 되면 사회친화적 목표를 가진 기업들에 투자하고자 하는 사람들이 실제 투자할 수 있는 구조가 마련되는 것입니다.

저명한 프랑스 경제학자는 이런 식의 투자가 큰손들을 유인하기는 어려울 것이라고 지적했습니다. 그들은 높은 투자수익률을 원하니까요. 따라서 이런 생각에도 당연히 한계가 있습니다. 탐욕스러운 사람들은 5퍼센트도 충분하지 않다고 말할 테니까요. 그들은 위험을 감수해서라도 큰돈을 벌고 싶어하고, 사회 진보는 자신들이 상관할 바가 아니라고 생각합니다.

좀더 큰 규모에서의 지속적인 성장은 어떻게 보십니까? 정말로 사회친화적인 기업들을 위한 금융가가 생길 수 있을 것이라고 생각하십니까?

아서 베일로이언 솔직히 말씀드리면, 사회친화적인 월스트리트가 생길 수 있을지는 잘 모르겠습니다. 하지만 첫 번째 질문에 대해 답하자면, 일단 소액금융에도 '큰손'들이 보입니다. 다만 앞서 지적하신 대로 큰손들은 이런 유형의 펀드에는 투자하지 않습니다. 왜냐하면 우리는 1,000달러나 1,000유로, 1,000스위스프랑만으로도 투자할 수 있거든요. 꼭 백만장자가 아니어도 됩니다. 그러니까 큰손들은 그들만의 펀드를 따로 조성합니다. 그들은 가진 재산의 일부를 떼어내 자신이 생각한 곳에 새로 투자합니다.

이런 사람들은 보통 세계 여러 나라로 투자 범위를 넓히지 않습니다. 주로 아프리카 같은 특정 지역 한 곳에 집중합니다. 아프리카에도 소액금융이 있지만 아직까지 라틴아메리카나 동남아시아의 다른 지역들처럼 활성화되지 않았습니다. 그래서 큰손들은 굳이 전 세계로 확대할 필요가 있느냐고 반문합니다. 그 대신 아직까지 극빈자 비율이 줄어들지 않고 있는 지역을 돕고 지원합니다. 이들 지역은 인구가 빠르게 증가하면서 극빈자 수도 같이 증가해 가난에서 벗어나지 못한 사람들의 비율이 제자리걸음 상태입니다. 현재로서는 아프리카의 상황이 더 나빠지지 않고 있다는 정도가 최상의 표현일 것입니다.

앙투아네트 훈지커-에브네터 다른 비즈니스와 마찬가지로 소액금융에도 너무 빠른 성장에 따른 위험이 도사리고 있습니다. 거액 투자자들 때문이 아니라 거대 은행들 때문입니다. 크레디트 스위스를 두고 하는 말은 아닙니다. 크레디트 스위스는 소액금융 분야에서 오랫동안 아주 전문적인 방식으로 일하고 있습니다만, 최근 들어 이 분야에 진출하기 시작한 다른 많은 은행들이 거액을 대출해주려고 합니다. 지금껏 소액금융이 성공적으로 운영될 수 있었던 이유는 소액을 대출해주었기 때문입니다. 대출 가능 금액이 늘어나면 (투기 목적을 가진) 남성 고객이 몰려들고 그에 따른 부패 위험도 커집니다. 문제는 이런 성향을 가진 남성들이 여성들처럼 절제된 방식으로 대출금을 상환하지 않는다는 사실입니다. (연구 결과에 따르면, 여성들은 98퍼센트가 대출금을 상환합니다.[4]) 잘못하면 소액금융이 전보다 훨씬 위태로워질 수 있습니다. 지난해부터 이런 조짐이 나타나기 시작했습니다. 금융 위기의 여파입니다. 다행히 소액금융은 증권거래소를 이용하지 않기 때문에 똑같은 피해가 발생하지는 않았습니다. 따라서 우리는 소액금융 대출을 받는 사람의 성별과 대출 금액을 주의 깊게 따져보고 확인해야 합니다.

마티외 리카르 우려할 점이 또 있습니다. 전 세계적으로 극빈자 수가 감소했습니다만 부자와 가난한 사람의 격차를 나타내는 소득 불평등은 20세기가 시작된 이후 20배까지 벌어졌으며, 지금도 빠른 속도로 확대되고 있습니다. 노벨상을 수상한 경제학자 조지프 스티글리츠Joseph Stiglitz에 따르면 미국에서는 가장 부유한 사람 10명이 가장 가난한 사람 9,800만 명의 재산을 모두

합친 것과 맞먹는 재산을 갖고 있습니다. 누군가 계산하길 소득 불평등 지수가 지금과 같은 속도로 심화되면 2050년에는 2,000명의 미국인이 전체 소득의 90퍼센트에 달하는 돈을 소유하게 될 것이라고 했습니다. 물론 그렇게까지 되지는 않겠지만, 불평등이 확대되고 있는 것은 분명한 추세입니다. 이런 상황이 소액금융 투자에 어떤 영향을 줄까요?

아서 베일로이언 돈은 자석과 아주 비슷합니다. 돈을 조금이라도 갖고 있으면 그것을 늘리기는 어렵지 않습니다. 하지만 만약 돈이 한푼도 없다면 아주 적은 돈조차 벌기 어렵습니다. 애덤 스미스가 실제로 한 말입니다. 돈이 많으면, 무서운 속도로 불어나 다른 사람들이 따라가지 못할 정도가 됩니다. 그래서 지금과 같이 소득 격차가 벌어지게 되는 것입니다.

우리는 '극도의 빈곤'이라는 아주 잔인하면서도 단순한 표현을 사용합니다. 세계은행World Bank에서 만든 표현입니다. 제프리 삭스Jeffrey Sachs(『빈곤의 종말』을 통해 절대 빈곤의 해법을 제시한 경제학자—옮긴이 주)도 사용하는 이 표현의 정의는 '구매력 평가지수를 반영해 하루에 1.25달러가 안 되는 돈으로 생활하는 상태'입니다. 이것이 극도의 빈곤을 설명하는 방식입니다. 이 수치만으로는 갈수록 더 부유해지는 부자와 가난한 사람들의 격차를 알 수 없습니다. 하지만 많은 부정적인 신호에도 불구하고 (미약하지만 의미 있는) 변화가 일어나고 있습니다. 앞서 살펴본 것처럼 세계 인구의 '겨우' 20퍼센트만이 극빈자라는 사실은 역사적으로 보면 진보를 나타냅니다.

200년 전만 해도 상황이 정반대였습니다. 1820년에 세계은행이 추산한 바로는 당시 세계 인구의 80퍼센트가 극빈자였습니다.[5] 이 수치만 보면 우리가 꽤 잘해온 것 같습니다. 하지만 우리가 관심을 가져야 할 대상은 아직도 많습니다. 매일 1만 7,000명의 아이들이 기아로 죽어가고 있습니다. 사정이 꽤 나아졌다며 이제 좀 쉬자고 말할 상황이 아닙니다. 오히려 지금보다 더 적극적으로 움직여야 합니다.

13장 ——— 맨발의 대학, 지혜를 키우는 교육

상층 중심의 톱다운 방식을 인정할 수 없다.
시골 마을에도 아주 많은 지식과 기술이 있다.
사람들이 스스로를 발전시킬 수 있는
역량과 능력을 기를 수 있도록 해야 한다.

- 사회적 기업가, 산지트 벙커 로이

산지트 벙커 로이

Sanjit Bunker Roy

인도인 교육자이자 사회적 기업가이며 활동가이다. 그가 설립한 맨발의 대학Barefoot College은 형식에 얽매이지 않는 대안교육기관이다. 농촌 문제를 해결하기 위해서는 전통 지식과 함께 특정 지역이 갖고 있는 고유의 토착 지식을 활용해야 한다는 생각을 바탕으로 운영하고 있다. 이 혁신적인 교육 모델은 아프리카를 포함해 세계 55개국으로 확산되었다.

벙커는 1965년에 인도 동부 시골 마을인 비하르로 여행을 떠났다가 세상 사람들이 흔히 '못 배웠다'고 하는 문맹의 시골 사람들이 실제로는 엄청난 지식을 가진 것을 보고 놀랐고, 이를 계기로 완전히 다른 삶을 살게 되었다. 그는 맨발의 대학이 농촌 사람들의 지혜를 활용하는 장으로 진화해온 과정을 설명한다. 이어진 토론에서는 도시와 농촌 간 이주 현상에 대해 살펴보고, 맨발의 대학처럼 잘 알려지지 않은 비영리기구NGO들의 잠재력에 대해서도 이야기를 나눈다.

혁신적인 교육 모델

1956년, 제가 아주 어린 학생이었을 때 달라이 라마를 뵌 적이 있습니다. 당시 제가 다니던 둔 스쿨The Doon School(인도 북부 데라둔에 있는 엘리트 남학생 기숙학교로 1935년 설립된 이후 수많은 졸업생들이 정치, 학계, 경제계에 진출했다.)에 판첸 라마Panchen Lama와 함께 오셨거든요. 저는 인도에서 아주 콧대 높고 엘리트주의에 젖은 값비싼 교육을 받았습니다. 둔 스쿨을 졸업한 뒤에는 델리에 있는 세인트스테판스대학(1881년 설립된 기독교 학교로, 둔 스쿨과 마찬가지로 졸업생 중에 유명 인사가 많은 엘리트 교육기관이다.)에 다녔습니다. 인도의 어느 부유한 집안 자제들이 그렇듯 저도 인생의 모든 것이 이미 정해져 있었습니다. 가족들이 제 미래를 전부 결정해놓고 있었지요. 여러 직업이 저를 기다리고 있었습니다. 저는 제가 우수한 교육을 받았다는 생각에 거만해졌습니다. 자만에 빠져 어떤 문제에든 답할 수 있다고 생각했지요. 혹시 그런 값비싼 교육이 우리에게 무엇을 해줄 수 있는지 아시나요? 우리를 망쳐놓을 수 있습니다.

시간이 흘러 1965년에 비하르 기근이 발생했습니다. 자야 프라카시 나라얀Jaya Prakash Narayan(비하르 출신으로 당시 유명한 활동가이자 정치 지도자이다.)은 인도 젊은이들을 향해 비하르를 도우러 가자고(1965년과 그 이듬해에 기근으로 비하르 북부 지역에서 2,500명 넘게 사망했다.) 호소했습니다. 저는 비하르로 떠났고, 그후 제 인생은 완전히 달라졌습니다. 집에 돌아온 저는 어머니께 농촌에서 살고 싶다고 말씀드렸습니다. 어머니는 기절할 만큼 충격을 받으셨습니다. 어머니는 비하르에서 지낸 14일 동안 제게 일어난 일들을 이해할 수 없었습니다. "시골에서 대체 뭘 하고 싶은 거니?" 어머니께서 물으셨어요. "기술은 없지만 라자스탄Rajasthan에서 우물을 파는 일꾼이 되고 싶어요." 제 대답이 어머니를 더욱 화나게 만들었습니다. 어머니는 제게 몇 년 동안 말을 건네지 않으셨습니다. 제가 농촌에 가서 사는 바람에 가족의 이미지가 실추되었다고 생각하셨거든요.

제가 시골 마을에 들어가 살기 시작한 건 1971년입니다. 그 뒤로 지금까지 40여 년을 시골에서 일을 하며 지내고 있습니다. 제가 처음 마을에 도착했을 때 노인분들이 다가와 물으셨어요. "경찰에 쫓기는 신세인가?" 제가 아니라고 하자, "공무원이 되지 못해서 여기까지 온 거야?"라고 물으시더군요. 제가 그것도 아니라고 하자 "그러면 시험에서 떨어진 건가? 도대체 여기서 뭐 하는 건가? 무슨 문제가 있는 건가?" 하면서 계속 물으셨어요.

시골분들이 이러한 반응을 보인 이유는 인도의 사회적 분위기가 그런 고정관념을 심어줬기 때문입니다. 이건 인도뿐 아니라 전 세계 어디나 마찬가지일 것입니다. 사람들은 파리, 취리히, 뉴욕 같은 대도시로 진출해야 한다고 생각합니다. 만약 농촌으로 간다고 하면 그건 뭔가 큰 잘못을 저질러 벌을 받는 것이거나 혹은 신변에 심각한 문제가 생긴 것이라고 여깁니다. 하지만 비숙련 노동자로서 우물을 파면서 지낸 5년 동안 저는 아주 가난한 사람들이 가진 뛰어난 기술과 지식, 지혜를 경험했습니다. 책에서는 볼 수 없는 것들이었습니다. 대학에서 배울 수도 없고요. 책을 읽는 대신 느껴야 하는 것이었습니다. 이 놀라운 지식과 기술, 그리고 지혜가 주류 사고에 영향을 미쳐야 한다는 생각이 들었습니다. 그래서 라자스탄 지역에 있는 틸로니아Tilonia라는 아주 작은 마을에 '맨발의 대학'을 열게 된 것입니다.

그때 당시 제가 하는 일에 대해 말씀드리면 시골 어른들은 이렇게 당부하시곤 했습니다.

"그 대학에서 자네가 절대 해서는 안 될 것들이 있다네. 제발 학위나 자격증 가진 사람들은 끌어들이지 말게."

그래서 맨발의 대학은 제가 알기로 인도는 물론 세계에서도 유일하게 박사 학위나 석사 학위를 소지한 사람이 들어올 수 없는 대학입니다. 자기 손으로 직접 일해본 사람이어야 합니다. 또한 마을 공동체 안에서 활용되는 지식과 기술을 존중하는 사람이어야 합니다. 농촌 환경에서는 그러한 지식과 기술이 서구에서 온 정보보다 훨씬 중요하기 때문입니다. 그리고 소박함과 검소함의 가치를 믿는 사람이어야 합니다. 맨발의 대학은 마하트마 간디Mahatma Gandhi의 생활 방식과 노동 방식을 존중하는 몇 안 되는 교육 기관 중 하나입니다. 우리는 바닥에 앉고, 바닥에서 먹고, 바닥에서 일합니다. 그리고 한 달에 150달러

이상 버는 사람이 없습니다. 돈을 버는 게 목적이 아니라 도전하는 게 목적이니까요. 가난한 사람들과 함께 일하려고 왔으면 그들이 맞추고 따라 할 만한 본보기를 제시할 수 있어야 합니다.

톱다운 방식에서 바텀업 방식으로

저는 오늘날의 경제 모델을 인정하지 않습니다. 상층 중심의 톱다운 top-down 방식이기 때문입니다. 서구 어딘가 혹은 인도 수도 어딘가에 있는 꼭대기 층에서 정한 것을 이 아래 시골 마을까지 내려보냅니다. 여기 아래에도 아주 많은 지식과 기술이 있는데, 왜 이것을 먼저 개발하지 않는 것일까요? 그런 지식이 다소 시대에 뒤떨어지거나 개선이 필요하다면, 그때 외부 지식을 끌어들이면 됩니다. 하지만 우선은 아주 가난한 사람들이 스스로를 발전시킬 수 있는 역량과 능력을 기르도록 해야 합니다. 저는 이것이 서구 사회에 전달되어야 할 가장 중요한 메시지라고 생각합니다.

우리는 마을 사람들의 기술과 그 지역에서 나는 값싼 재료들을 이용해 맨발의 대학 틸로니아 캠퍼스를 지었습니다. 1986년 당시 1평방피트당 1.5달러가 들었습니다. 그때 건축에 참여했던 사람들 중에는 지금까지도 여전히 읽고 쓸 줄 모르는 이들이 있습니다. 맨발의 대학에서도 최첨단 기술을 활용할 수 있습니다. 하지만 전통적인 지혜나 지역민들의 기술을 훼손하면서까지 그러지는 않습니다. 맨발의 대학은 인도에서 유일하게 전적으로 태양광 에너지에 의존합니다. 우리는 건물 지붕에 55킬로와트 규모의 태양광 패널을 설치하여 컴퓨터 40대와

전화 교환기, 인터넷, 700개의 전등과 선풍기는 물론이고, 도서관, 식당, 시청각실, 치과용 의자에도 전력을 공급합니다. 모든 것이 태양광 에너지로 작동합니다. 우리 대학에서는 음식을 만들 때에도 태양광 에너지를 이용합니다. 비상시에만 조리용 가스를 사용합니다. 태양광 에너지 시스템은 학교 교육을 8년밖에 받지 않은 힌두교 사제가 제작해 설치했습니다. 태양광 에너지에 관해서는 제가 아는 그 누구보다 뛰어난 분입니다. 세상 어느 대학을 나온 사람보다도 많이 압니다.

우리는 얘기합니다. 단지 읽고 쓸 줄 모른다는 이유로 건축가가 될 수 없다는 말은 도대체 어디에 나와 있느냐고요. 치과 의사는 왜 못 합니까? 왜 상수도나 태양광 기술자가 될 수 없는 거죠? 읽고 쓰는 법을 알아야만 이런 일을 할 수 있다고 생각하는 건 우리 마음속에 있는 한계일 뿐입니다. 우리는 정규 교육을 받아본 적 없는 마을 사람들에게 컴퓨터로 작업할 수 있도록 가르쳤습니다. 그랬더니 교사도 되고, 의사도 되고, 엔지니어도 되고, 건축가도 되었습니다.

맨발의 대학에는 현재 구할 수 있는 가장 정교한 형태의 태양광 조리 기구가 있습니다. 접시형의 이 태양광 조리 기구를 만든 이는 4명의 여성입니다. 모두 글은 모르지만 놀라울 정도로 꼼꼼합니다. 이 여성들은 단체를 조직해 태양광 조리 기구를 제작하고, 그것을 마을에 팝니다. 그 덕분에 마을 사람들은 음식을 만들 때 등유와 땔감에만 의존하지 않아도 됩니다. 태양광 조리 기구는 어린이집과 유치원에도 공급됩니다. 현재 우리 지역의 5세 이하 아동 1,000명 이상이 태양광 조리 기구로 만든 음식을 먹습니다.

우리는 또한 전통 문화가 그 중요성과 타당성을 잃어버리면 안 된다

그림 13.1 맨발의 대학 인형극단

맨발의 대학으로부터 지원을 받는 인형극 단원들은 가정 폭력, 깨끗한 식수와 교육의 중요성 등 사회 문제에 대한 메시지를 전달하기 위해 손가락 인형을 사용한다. 이들 인형은 세계은행 보고서들을 재활용하여 만든 것이다.

는 생각에 사회에 꼭 필요한 메시지를 전달할 때 인형극 같은 전통 예술을 활용합니다. 아직까지 라디오나 문자, 텔레비전이 보급되지 않은 인도의 일부 지역에서는 지금도 인형극이 매우 중요한 기능을 합니다. 다만 기술에 변화가 있어 줄로 인형극을 할 때는 좁은 실내 공간에서 50명 정도밖에 볼 수 없었지만, 손가락에 끼우는 인형극을 하면서부터는 학교나 시장에서 한 번에 5,000명까지도 관람할 수 있게 되었습니다.

맨발의 대학은 인형극단과 거리 예술가들처럼 전통적인 방식으로 소통하는 사람들에게 엄청난 힘이 있다고 믿습니다. 대본은 즉석에서 만들어집니다. 현장에서 즉흥적으로 관객들과 상호작용하며 극을 진행하다보니 관중이 질문을 던지면 공연이 중간중간 끊기기도 합니다. 우리 인형극단은 가는 곳마다 의사, 교사, 변호사, 정신분석가, 엔지니어 등 다양한 역할을 소화하며 매년 10만 명의 관객들을 만납니다.

스웨덴 여왕 앞에 선 열두 살 꼬마 총리

우리는 현재 6개 주에서 225개 학교를 운영하고 있습니다. 총 7,000명의 어린 학생들 중 5,500명이 여학생입니다. 우리 학교는 밤에 수업을 합니다. 아침에는 대부분의 아이들이 소와 염소, 양들을 돌봐야 하기 때문입니다. 이 학교들도 모두 태양광 에너지를 이용해 조명을 밝힙니다. 학생들은 전원이 교내 선거에 참여합니다. 아이들이 시민권에 대해 알고, 민주주의와 올바른 지도자를 선출하는 방법도 알아야 한다고 믿기에 선거를 치릅니다. 3년에 한 번 어린이 의회 선거가 열리는데, 지금은 열두 살의 여학생이 총리입니다. 아침에는 염소 20마리를 돌보고 저녁에 학교에 오면 총리가 됩니다. 총리에게는 각료들도 있어서 학교 행정을 관리 감독합니다. 학교는 이 어린이들이 결정한 모든 사안을 반드시 실행해야 합니다. 왜냐하면 그들이 각료이니까요.

2001년에는 맨발의 대학과 어린이 의회가 '명예로운 세계 어린이 상 World's Children's Prize Honorary Award'을 받았습니다. 형편이 어려운 아이들, 특히 여자아이들에게 교육을 제공하는 활동이 가치를 인정받았습니다. 당시 어린이 의회의 총리였던 데바키Devaki는 단 한 번도 마을 밖을 나가보지 못한 여자아이였습니다. 그 아이가 스웨덴까지 가서 스웨덴 여왕이 수여하는 상을 받았습니다. 스웨덴 여왕은 열두 살 소녀가 자신을 둘러싼 모든 상황에 조금도 주눅 들지 않는 모습을 보고 무척 놀라워했습니다. 스웨덴 여왕은 제게 총리의 자신감은 대체 어디서 나오는 것인지 물어봐달라고 부탁했습니다. 제가 여왕의 말을 전하자 데바키는 심한 모욕을 당한 듯한 표정을 짓더니 여왕을 똑바로 쳐다보며 말했습니다.

"여왕에게 전해주세요. 저는 총리라고요!"

우리는 라자스탄의 여러 마을에 태양광 전기를 보급한 뒤, 인도의 다른 지역에도 기술을 전파했습니다. 지금까지 인도 전역의 600개 마을에 태양광 전기를 보급했습니다. 그중에 시아천 빙하Siachen Glacier(파키스탄 국경에 있는 세계에서 가장 긴 곡빙하—옮긴이주) 근처의 누브라 계곡Nubra Valley에 있는 라다크Ladakh에 방문했을 때의 일입니다. 라다크는 기온이 영하 40도까지 내려가는 곳입니다. 그곳에 사는 한 여인에게 태양광 에너지가 보급되어 좋은 점이 무엇인지 물어보았습니다. 한참 생각하더니 이렇게 말하더군요.

"난생 처음으로 겨울에도 남편 얼굴을 볼 수 있게 됐어요."

엔지니어로 거듭난 문맹의 여성들

2005~2006년에는 아프가니스탄에서도 맨발의 대학 모델을 시도했습니다. 우리는 처음 아프가니스탄에 도착해 물었습니다. "여성들을 엔지니어로 훈련시키려고 하는데 어떻습니까?" 남성들은 절대 불가능한 일이라고 말했습니다. "여성들이 집밖으로도 나오지 않는데 어떻게 인도로 데려간다는 거죠?" 그래서 제가 타협안을 내놓았습니다. "그러면

남편들도 함께 가면 어떨까요?" 그렇게 해서 남편들도 함께 인도로 왔습니다. 2005년에 우리가 교육한 아프가니스탄 여성들이 아프가니스탄 최초로 다섯 개 마을에 태양광 전기를 보급했습니다. 제가 최고로 꼽는 태양광 엔지니어는 55세에 손주까지 둔 굴 바하르Gul Bahar라는 여성입니다. 이 여성은 비록 문맹이지만, 아프가니스탄에 있는 200여 가구에 태양광 전기를 보급했습니다. 저는 굴 바하르에게 아프가니스탄에 있는 엔지니어들을 가르쳐보라고 권했습니다. 굴 바하르는 한 엔지니어에게 교류AC와 직류DC의 차이를 알려주었습니다. 엔지니어가 교류와 직류의 차이도 몰랐던 겁니다.

지금까지 우리가 교육한 아프가니스탄 여성 3명이 27명의 여성을 더 가르쳐 총 100개 마을에 태양광 전기를 보급했습니다. 제가 유엔에 방문했을 때 이런 얘기를 했습니다.

"우리는 여성 3명과 남성 3명을 인도로 데려와 가르친 다음, 새로 구입한 태양광 패널 140개와 함께 돌려보냈습니다. 그들이 아프가니스탄에 돌아가 마을 다섯 곳에 태양광 전기를 보급했고요. 이 모든 일이 6개월 만에 이루어졌습니다. 비용이 얼마나 들었을까요?"

아주 큰 비용이 드는 일에 익숙한 유엔 관계자들은 얼마나 들었을지 짐작조차 하지 못하는 모습이었습니다. 그래서 제가 알려줬습니다.

"아프가니스탄 수도 카불에 유엔 직원 한 사람이 1년 동안 앉아 있는 비용입니다."

그러자 이런 얘기가 나왔습니다.

"현재 카불에는 유엔 직원이 700명이나 있는데, 그곳에 태양광 전기를 쓰는 마을이 한 곳도 없다는 건 부끄러운 일입니다."

우리는 여성들과 함께 놀라운 성공을 이뤄냈습니다. 또한 중요한 교훈도 얻었습니다. 남성들은 교육이 쉽지 않다는 것입니다. 남성들은 가만있지를 못합니다. 통제하기 어려울 정도로 산만합니다. 그러면서도 자격증은 받고 싶어합니다. 그래서 자격증을 주면, 남성들은 도시에서 직장을 구하기 위해 곧장 마을을 떠나버릴 겁니다. 그래서 제가 생각하는 가장 좋은 투자 대상은 할머니들입니다. 인도와 아프가니스탄의 할머니들은 보통 40~55세입니다. 아주 성숙하고, 인내심이 강하고, 용맹합니다.

우리가 교육한 할머니들 중에는 아프리카 출신도 있습니다. 그들 역시 문맹이고 한 번도 자신이 사는 마을을 벗어난 적이 없습니다. 그런데 맨발의 대학에 와서 6개월을 지냈습니다. 인도 정부는 이 학생들에 대한 관리를 전적으로 제게 맡겼습니다. 말이나 글을 사용하지 않고, 손짓과 발짓으로, 눈을 맞추고 귀를 기울이며 교육한 끝에 이들은 6개월 만에 태양광 엔지니어로 거듭났습니다. 그들이 말을 하지 않은 건 아닙니다. 모두가 서로에게 말을 했습니다. 하지만 줄루어Jola, 왈로프어Wolof, 프랑스어, 스와힐리어Swahili 등 저마다 사용하는 언어가 다르다보니 서로의 말을 한마디도 이해할 수 없었습니다. 그럼에도 그들이 배우고 싶어한다는 것은 몸짓으로도 충분히 알 수 있었습니다. 첫 만남에서 우리는 그들에게 이런 이야기를 했습니다.

"여러분 가운데 상당수는 조국의 첫 여성 엔지니어가 될 것입니다. 그러니 기억하세요. 여러분은 조국을 대표합니다."

그들이 귀국할 때 비행기에서 걸어 나가는 모습은 무척 자신감에 차 있었습니다. 정말로 놀라운 변화이죠.

우리는 지금까지 아프리카의 30개 나라에서 온 여성들과 작업했습니다. 모두 300명이 넘는 할머니들을 교육했습니다. 우리는 7,000여 가구에 태양광 전기를 공급했고, 여기에 총 200만 달러가 들었습니다. 제프리 삭스 교수가 아프리카의 한 마을, 오직 한 마을에 들인 비용과 같습니다(제프리 삭스 미국 컬럼비아대 교수는 2015년까지 세계의 빈곤을 절반 수준으로 줄이겠다는 목표로 2000년대 초반 '밀레니엄 프로젝트'를 시작해 아프리카 일부 지역에 거액을 투자했으나 비용 대비 성과가 저조했다는 평을 받았다.—옮긴이주). 그러니 아주 많은 돈이 있다면, 그 돈을 두루 퍼뜨리는 게 좋지 않을까요? 마하트마 간디의 말씀으로 발표를 마치겠습니다.

"처음에 그들은 당신을 무시하고, 그런 다음 비웃고, 싸움을 건다. 그러면 당신이 이기는 것이다."

달라이 라마와의 대화

월스트리트가 아닌 NGO로

달라이 라마 정말 훌륭합니다. 제가 그동안 확신을 갖고 인도 친구들에게 해온 말이 있습니다. 인도에서 진정한 변화는 시골과 농촌에서 시작되어야 한다고요. 그런데 맨발의 대학이 지닌 본질이 이와 똑같군요. 이제 저는 인도가 세계 다른 나라들, 특히 남반구의 여러 가난한 나라에 훌륭한 본보기가 될 것이라 생각합니다. 60억 인구 중 대부분이 가난합니다. 따라서 비용을 많이 들이지 않고도 진정한 변화가 일어날 수 있습니다. 벙커 로이 씨가 설명한 대로 60억 세계인에게 진정한 변화가 일어날 수 있다면 정말로 희망적입니다.

방갈로르Bangalore, 하이데라바드Hyderabad 등 인도의 몇몇 대도시가 급속도로 발전했지만 그것을 인도의 진정한 변화라고 보기는 어렵습니다. 진정한 변화는 농촌 마을에서 시작되어야 합니다. 그래서 맨발의 대학의 성과를 진심으로 높이 평가합니다. 읽고 쓰진 못해도 충분히 훌륭한 교사와 엔지니어들이 인도에 있는 우리 티베트인 정착지를 한번 방문해주시면 좋겠습니다. 젊은 티베트인들도 몇 가지 자격증에 무척 안달하고, 대부분 대도시로 나가서 일자리를 구합니다. 우리 정착지는 본래 농사를 지어 먹고살아야 하는 곳인데, 신체 건강하고 어느 정도 교육받은 사람들은 모두 떠나려고 합니다. 우리의 기본 계획을 실현하기가 갈수록 어려워지고 있어요. 그러니 시간 있으실 때 꼭 한번 오셔서 방법을 알려주시면 정말 좋겠습니다.

거트 스코벨 벙커 로이가 발표한 내용 중 궁금한 것이 두 가지 있습니다. 하나는 방금 달라이 라마께서 언급하신 이농 현상, 즉 사람들이 자격증이나 학위가 생기면 도시로 떠나려 하는 문제입니다. 왜 도시로 몰려들까요? 이농 현상을 어떻게 막을 수 있을까요? 또 한 가지는, 중국과 인도를 비교해보면 인도는 민주주의 전통이 아주 깁니다. 반면에 중국은 그렇지 않습니다. 이런 현실이 두 나라에 어떤 차이를 만든다고 생각하시나요?

벙커 로이 인도 국민은 누구나 체제에 대한 불만을 얘기할 권리가 있다는 점이 가장 큰 차이겠지요. 인도에서는 반체제 인사와 반정부 인사를 확실히 구분합니다. 반면에 상명하달식의 엄격한 정치 구조를 가진 중국에서는 반대 의견을 표명하기가 어렵고, 논쟁이나 공개 토론의 기회도 제한적입니다. 인도는 개개인이 자기가 원하는 방식으로 성장할 수 있는 여지를 두지만, 중국은 그렇지 않습니다.

제 생각에 이농을 막으려면 농촌 생활의 질을 개선해야 합니다. 농촌에 일자리가 생기고, 식수가 개선되고, 조명 시설이 잘 갖춰진다면 누가 굳이 도시 빈민가로 들어가겠습니까? 우리가 할 일은 농촌 사람들이 경제적 압박이나 환경 탓에 도시로 이주하지 않도록 농촌에서의 삶의 질을 확실히 개선하는 것입니다. 맨발의 대학에서는 기초적인 생활 시설이 갖춰지고 품위와 자존감을 지켜주는 일자리가 제공된다면, 농촌 사람들이 도시로 떠나지 않을 것이라고 믿습니다. 이것으로 대답이 되었으리라 생각합니다. 우리는 아프리카 마을에 태양광 전기를 보급하자 도시로 떠났던 마을 사람이 다시 돌아오는 것을 보았습니다. 그 사람이 돌아온 이유는 어디서도 본 적 없는 태양광 조명이 시골 마을에 생겼기 때문입니다. 따라서 마을에 태양광 조명을 보급하면 도시로 떠났던 사람들이 다시 돌아오게 할 수 있습니다. 일자리도 생깁니다. 젊은 여성들과 할머니들은 태양광 전기를 유지·보수하고 지역 공동체로부터 대가를 지급받습니다. 모두 엔지니어입니다.

마티외 리카르 우리는 지금까지 많은 토론을 진행했습니다만, 아주 강력한 한 세력에 대해 충분히 생각해보지 못한 것 같습니다. 바로 풀뿌리 NGO들입니다. 현재 전 세계에 수만 개의 NGO가 있습니다. 맨발의 대학 사례도 대단히 인상적이고 듣는 이를 겸허하게 만듭니다만, 현재 크고 작은 형태로 활동하는 다른 NGO들도 꽤 많습니다. 그중 브락(BRAC, Bangladesh Rural Advencement Committee, 방글라데시 농촌발전위원회)은 방글라데시의 6,000만 여성을 가난에서 구제했습니다. 요즘은 어딜 가나, 심지어 선진국에서조차 다음과 같이 말하는 젊은이들이 20년 전에 비해 크게 늘었습니다.

"월스트리트에서 일하기 위해서가 아니라 인도주의적인 일을 효과적으로 하는 법을 배우기 위해 경영대학원에 가고 싶습니다."

물론 인도주의적인 일은 경영대학원에 갈 생각만으로는 안 되고 현장에 기반을 둬야 합니다. 그러나 이러한 분위기 자체는 아주 고무적입니다.

맨발의 대학과 맥락이 비슷한 사례를 하나 말씀드리고 싶습니다. 네팔에 사는 우탐 산젤Uttam Sanjel이라는 친구가 있는데, 제가 속한 비영리 인도주의 단체인 카루나 세첸Karuna-Shechen의 지원을 받아 수년째 활동을 계속하고 있습니다. 우탐은 수많은 아이들이 제대로 교육받지 못하고 카트만두와 다른 도시에서 거리를 배회하며 온갖 문제를 일으킨다는 사실을 크게 우려했습니다. 문제는 도시로 이주해온 부모들이 매우 고된 노동을 해야 하는 탓에 아이들만 집에 두고 일하러 나갔다가 밤에 돌아와 끼니만 겨우 챙겨준다는 사실입니다. 당연히 아이들은 집 안에 가만히 있지 않습니다. 거리를 기웃거리고 물건을 훔치기 시작합니다. 심지어 본드 같은 환각 물질을 흡입하기도 합니다. 그래서 제 친구는 집집마다 돌아다니면서 대나무 막대 두 개씩을 얻어 그것으로 작은 학교를 지었습니다. 그게 12년 전 일입니다. 제 친구의 주머니에는 돈 한푼 없었습니다. 지금은 그 학교에 2만 명이 다닙니다. 10만 달러만 있으면 두 달 반 만에 2,500명의 아이들이 다닐 수 있는 학교를 세울 수 있습니다. 대단히 훌륭하지 않습니까? 우탐의 아이디어 덕분에 현재 15만 명의 네팔 학생들이 혜택을 보고 있습니다. 우리 단체에서도 우탐을 도와 9개 학교를 세웠습니다.

또다른 사례로는 인도의 제시 수녀님이 있습니다. 비하르에 있는 한 마을에서 작은 프로그램을 시작하셨지요. 첫해에 수녀님은 한 여성에게 닭 한 마리와 소액의 돈이 들어 있는 은행 통장을 줍니다. 그 돈은 미래에 아이들을 학교에 보낼 수 있는 종잣돈입니다. 통장에 술을 자주 마시는 남편의 서명은 넣지 않습니다. 그렇게 하지 않으면 남편이 술을 사 먹느라 통장에 있는 돈을 다 써버릴 테니까요. 만약 이 여성이 돈을 잘 불려 아이들을 다음해에 학교에 보내면, 수녀님은 염소 한 마리를 줍니다. 아이가 계속해서 학교에 잘 다니고, 여성이 염소젖을 팔아 남편에게 빼앗기지 않고 돈을 어느 정도 모으면, 세 번째 해에는 소를 한 마리 얻습니다. 네 번째 해에는 더 좋은 집을 지을 수 있도록 지원해줍니다.

두 가지만 말씀드렸습니다만, 훨씬 더 많은 사례들이 있습니다. 이들 NGO는 매우 헌신적입니다. 같은 NGO라도 일부 다국적 단체들처럼 간접비용이 60퍼센트나 되지 않고 3~5퍼센트에 불과합니다. 카루나 세첸 같은 작은 단체는 12년 동안 프로젝트를 120개밖에 수행하지 못했지만 간접비용을 5퍼센트로 유지했습니다. 대단히 큰 규모를 자랑하는 기관들이 우리처럼 작은 단체 100곳에 자금을 지원한다면, 5퍼센트의 간접비용으로 풀뿌리 프로젝트 1만 개를 진행할 수 있습니다. 우수한 프로그램을 확대 재생산하기 위해서는 거대한 기관 한 곳을 만드는 것보다 이런 방법이 몇 배 더 효과적일 것입니다.

NGO는 협력이 더 잘 되고 이타적이며 헌신적인 사회를 만드는 강력한 힘을 지녔습니다. 소액금융도 물론 좋은 방법입니다만, 이미 설립된 대규모 기구들이 더 좋은 체계를 갖추고 소규모 풀뿌리 NGO들과 효율적으로 협력해 더 크고 실질적인 변화를 이끌어낼 수 있도록 도울 방법도 고민해봐야 합니다.

14장 —— 자비의 리더십, 미래 세대 리더의 필수조건

경제의 실패는 곧 리더십의 실패다.
리더들이 조직이나 대중에 대한 책임보다
자신의 이익을 우선시하기 때문이다.

- 하버드 경영대학원 교수, 윌리엄(빌) 조지

윌리엄(빌) 조지

William(Bill) George

하버드 경영대학원의 경영 실무 교수로 리더십 개발과 윤리학을 가르치고 있다. 미국의 의료기 회사인 메드트로닉Medtronic의 CEO를 거쳐 회장을 지냈다. 그가 경영할 당시 메드트로닉은 시가 총액이 11억 달러에서 600억 달러로 증가하는 등 연 평균 35퍼센트 성장률을 기록했다.

그는 진정한 리더의 자질이 어떻게 발현되고 강화되며 그로부터 우리가 무엇을 기대할 수 있는지, 진정한 리더는 누구의 이익을 위해 일해야 하는지 이야기한다. 그는 비즈니스 세계에서도 다른 분야와 마찬가지로 타인의 이익을 도모할 때 비로소 리더 자신도 행복해질 수 있다고 주장한다.

어떻게 경제 시스템을 바꿀 이타적인 조직을 만들까?

이 자리에 계신 모든 분들의 자비와 이타심 관련 연구를 듣고 놀라운 적용 사례까지 확인하고 난 뒤여서 지금 저는 무척 고무된 상태입니다. 이제 문제는 이러한 연구 결과를 어떻게 확대 적용해 사회를 변화시키고 경제 시스템을 바꿀 이타적인 조직을 만들어내느냐 하는 것입니다. 8년 전에 기업을 떠나온 뒤로 이 문제를 계속해서 연구하고 있는 저로서는 자비롭고 진정성 있는 리더십이 문제를 해결할 열쇠라고 확신합니다. 우리에게는 이런 새로운 리더십을 보여줄 신세대 리더가 필요합니다.

많은 사람들이 2008년의 경제 위기 혹은 금융 위기를 '경제학의 실패'라고 생각합니다. 그러나 좀더 깊이 들여다보면 경제의 실패가 아니라 정신의 실패가 맞습니다. 아주 많은 사람들이 요컨대 물질적 부를 통해 행복을 얻을 수 있고, 더 많은 부를 축적할수록 더 행복해질 거라고 믿었습니다. 하지만 결국 현실은 정반대라는 것을 알게 되었습니다. 행복하지 않았을 뿐만 아니라 다른 사람에게까지 엄청난 피해를 입히고 말았으니까요.

전 세계적으로 직업난이 심각합니다. 사람들이 일자리를 얻지 못하고 있습니다. 노동은 좋은 것이고, 의미 있는 것이라 믿는 사회에서 일자리 부족은 엄청난 문제를 일으켰습니다. 이제 진정한 삶의 의미는 노동이 아니라 사회 전체를 이롭게 하는 이타주의와 자비심을 통해 다른 사람을 보살필 때에만 생긴다는 사실을 기억할 필요가 있습니다. 이것이 제가 오늘 말씀드리려는 주제입니다.

저는 기본적으로 자비롭고 진정성 있는 리더십이 대단히 중요하다고 확신합니다. 그것은 단지 있으면 좋은 정도가 아니라 건강한 사회를 위해 꼭 필요한 것입니다. 우리에게는 사회 운영에 필요한 일련의 원칙이 있어야 한다는, 에른스트 페르와 여러 전문가분들의 의견에 공감합니다. 부적절한 행동에 대한 제재가 있어야 합니다. 그리고 그보다 더 중요한 것은 개인과 단체, 그리고 사회에 긍정적인 영향을 미칠 리더들입니다. 그들이 없으면 건강한 사회를 이룰 수 없습니다. 영리한 사람들은 언제나 원칙을 피해갈 방법을 찾아낼 테니까요.

경제적 실패 = 리더십의 실패

경제적 실패의 원인이 무엇인지 생각해보는 것이 중요합니다. 여러 원인 중 하나로 리더십의 실패를 꼽을 수 있습니다. 저는 그들이 책임을 다하지 않았다고 생각합니다. 제가 다음 세대와 일하고 있는 이유가 바로 이 때문입니다. 지난 10년간 지켜본 리더십의 실패 탓에 리더에 대한 확신도, 신뢰도 사라졌습니다. 리더를 신뢰하지 못한다면 우리는 심각한 상황에 이르게 됩니다. 하버드대학의 케네디 스쿨에서 실시한 한 조사에 따르면 응답자의 3명 중 2명이 자신들의 리더를 신뢰하지 않는 것으로 나타났습니다. 사람들은 리더의 가치를 인정하지 않으며, 그들의 윤리 의식을 신뢰하지 않습니다. 제가 말하는 '윤리'는 종교적 윤리가 아닌 세속 윤리를 의미합니다.

저는 문제의 근본 원인이 조직이나 대중에 대한 책임보다 이기심을 우선하는 리더들의 태도에 있다고 생각합니다. 한 사회의 리더는 자신이 속한 사회 구성원들에게 깊은 책임감을 가져야 한다고 생각합니다. 만약 리더 자신을 더 우선한다면 책임을 다하지 않는 것이며, 이는 심각한 피해를 낳을 수 있습니다.

또한 리더들에게 외부 세계로부터 찬사를 받고자 하는 외적 동기가 만연해 있습니다. 달리 말하면, 내적 평화를 추구하기보다 곁에서 떠받들어주기를 바랍니다. 돈으로 보상받고 싶어합니다. 다른 사람들을 돕고, 보다 깊은 관계를 맺고, 세계와 사회를 위해 좋은 일을 했다는 내적 만족감 대신에 권력과 명성을 얻고 인정을 받고 영예를 누리고 싶어합니다.

우리에게는 진정성 있는 신세대 리더가 필요합니다. 진실하고 자비로운 이들이 나서줘야 합니다. 그들은 리더십의 목적이 타인과 사회를 위해 봉사하는 것임을 압니다. 하루하루 그런 가치들을 실행에 옮깁니다. 그저 말로만 떠들지 않고 일상에서 몸소 실천합니다. 머리에 든 지식만으로 앞장서지 않으며, 몸과 마음을 다해 종합적으로 리더십을 발휘합니다. 그렇다고 지적 능력의 중요성을 깎아내리는 것이 아닙니다. 다만 가슴으로도 지도력을 발휘해야 긴밀한 유대관계를 형성할 수 있다고 말씀드리는 것입니다. 이렇게 하려면 늘 자기 수양을 해야 합니다.

이러한 신세대 리더가 등장하기 위해서는 상명하달식 리더십에서 벗어나야 합니다. 그동안 우리는 지위가 높은 사람들을 전능한 존재로 우러러보고 연구할 뿐, 각계각층에서 리더십을 발휘할 만한 잠재력을 지닌 인물이 있는지 찾아보는 일에 소홀했습니다.

본질적으로 사람들의 욕구가 달라지고 있다는 생각도 듭니다. 사람들은 돈이 전부가 아니라는 것을 어렵사리 깨달아가고 있습니다. 겉으로 드러나지는 않지만 인생의 의미를 찾고자 하는 깊은 욕구가 있습니다. 제가 경영했던 메드트로닉은 의료기기를 생산하는 기업으로, 사람들이 건강을 회복해 온전하게 생활하도록 하는 것이 기업의 사명입니다. 당시 회사 가치를 평가하는 기준은 주당 이익이 아니라 우리가 도움을 제공한 사람들의 숫자였습니다. 제가 가장 크게 자부심을 느끼는 부분은, 제가 그 회사에 있는 동안 우리의 노력으로 질병에서 회복해 건강한 생활이 가능해진 사람들의 숫자가 1년에 30만 명에서 1,000만 명으로 늘어났다는 사실입니다. 우리는 늘 회사 직원들에게 이런 의미를 알리려고 노력했습니다. 사람들은 주가나 실적보다도 그런 의미에서 영감을 받기 때문입니다.

21세기 리더에게는 과거와는 다른 역할이 필요합니다. 의미, 목적, 가치를 중심으로 사람들을 통합해야 합니다. 매우 어려운 과제입니다. 특히나 전 세계에 퍼져 있는 글로벌 조직의 구성원들을 하나로 통합하여 조직의 목표를 존중하고 조직의 가치를 실천하도록 만드는 것은 더 어려운 일입니다.

사람을 살리는 자기주도적 리더

또 한 가지, 21세기 리더는 사람들에게 권력을 행사하지 않아야 합니다. 많은 학자들이 리더십을 '권력'이라고 표현해왔습니다. 그러나 이 같은 권력 개념은 제로섬 게임으로 이어집니다. 제가 당신에게 권력을 주면 저의 권력은 줄어든다고 생각합니다. 저는 이 개념을 거부합니다. 제가 생각하는 진정한 리더십은 구성원들에게 스스로 리더가 되도록 자율권을 부여하는 것입니다. 여기서 말하는 자율권 부여는 사랑에 아주 가까운 개념입니다. 무한히 발휘될 수 있습니다. 구성원들에게 앞장서 나아가는 권한을 줄 수 있다면, 우리는 훨씬 강력한 조직을 갖게 되고, 모든 구성원이 각자의 역량을 최대로 발휘하게 됩니다.

몇 년 전에 메드트로닉에서 만난 한 여성의 사례를 말씀드리겠습니다. 이 여성은 심장판막을 제작하고 있었습니다. 사람의 심장판막이 손상되면 돼지의 심장판막을 이용해 손상된 부분을 대체할 수 있습니다. 이 여성은 심장판막을 생산하는 공장에서 가장 우수한 인력으로 손꼽히는 인물이었습니다. 제가 일에 대해 물었을 때, 그녀는 열정이 가득한 두 눈을 반짝이며 이렇게 대답했습니다.

"저는 사람의 생명을 구하는 심장판막을 만듭니다. 1년이면 심장판막 1,000개를 생산합니다. 그중 하나라도 불량이 있으면 누군가 목숨을 잃을 수도 있습니다. 혹시라도 불량이 생겨서 그런 일이 벌어진다면 저는 다른 사람을 죽게 만들었다는 생각에 단 하루도 살지 못할 것입니다. 다행히 집에 돌아가면 밤마다 내가 만든 제품 덕분에 건강하게 살아 있는 사람이 전 세계에 5,000명이나 되는구나 생각하며 뿌듯함을 느낍니다."

이 여성은 그야말로 자기주도적 리더입니다. 어떤 공식적인 리더 역할이 주어진 것도 아니고, 관리자도 아니지만, 모든 사람들이 그녀를 보며 영감을 받습니다. 이런 것이 바로 널리 확산시켜야 할 자기주도적 리더십입니다.

많은 사람들이 얘기합니다. 자신들은 투자자나 소유주, 주주의 이익을 위해 일한다고 말입니다. 어느 정도는 맞는 말입니다만, 리더에게는 직원과 고객의 이익을 위해 일해야 하는 의무가 더 큽니다. 우리에게 필요한 사람은 서번트 리더servant leaders입니다. 우리가 서번트 리더로서 임무를 제대로 수행하면, 다른 사람들도 모두 자신의 일을 잘해낼 수 있습니다. 반대로 다른 사람들이 우리를 위해 일해야 한다고 생각하면 리더십 발휘는 실패하고 말 것입니다.

창의적 사고와 리더십을 키워주는 명상

또 한 가지 중요하게 생각해봐야 할 것은 조직 내 경쟁입니다. 요즘 새롭게 주목받는 모델은 협력입니다. 앞서 아서 베일로이언이 소액금융에 대해 소개한 내용을 접하셨습니다. 그러나 소액금융은 마을 사람들이 함께 협력할 때에만 가능한 서비스입니다. 일종의 신탁은행trust bank 형식으로 서로 돕는 것입니다. 그러지 않고 어떻게 가능하겠습니까? 벙커 로이는 마을에 태양광 에너지를 보급하는 일에 대해 설명했습니다. 엔지니어 혼자서 되는 일이 절대 아닙니다. 기기를 제작하는 사람에서부터 설치 작업자에 이르기까지 협력에 나선 모든 사람들이 있었기에 가능한 일입니다. 메드트로닉에서는 환자들에게도 우리와 협력해야 한다고 강조합니다. 우리에게는 이처럼 협력에 대한 폭넓은 관점이 필요합니다. 우리가 지향해야 할 새로운 형태의 리더십은 바로 이런 것입니다.

우리는 리더 125명을 심층 면담하는 연구를 진행했습니다. 그들의 인생에서 어떤 부분이 리더로서의 열정을 심어줬는지, 인생의 어려운 순간들을 어떻게 이겨냈는지 조사했습니다. 연구 결과 그들의 리더십은 독특한 특질이나 성격에서 비롯된 것이 아니라, 그들의 됨됨이와 내적 소명, 그리고 살아온 이야기에서 비롯된 것임을 알게 되었습니다. 또한 리더는 타고나거나 만들어지는 게 아니라 개발된다는 사실도 확인했습니다. 따라서 우리는 일련의 연습을 통해 리더십을 개발해야 합니다.

대니얼 골먼Daniel Goleman이 감성지능emotional intelligence 혹은 EQ라는 개념을 처음 세상에 알렸습니다. 학교에서는 감성지능 계발에 충분한 시간을 투자하고 있지 않습니다만, 우리 모두가 각자 고민하는 다음과 같은 질문들의 핵심이 바로 감성지능입니다. '지구상에서 나라는 존재가 갖는 의미를 어떻게 깨달을 것인가?' '나 자신을 어떻게 이해하고, 내가 가진 분노, 두려움, 혹은 불안의 원인을 어떻게 알아차리고 해결할 것인가?' '어떻게 하면 진정으로 겸손해질 수 있을까?' '내 리더십의 목적을 어떻게 파악할 것인가?' '어떻게 이끌어나갈 것인가?' '사회가 더 나아지도록 어떻게 도울 것인가?'

저는 34년 동안 명상을 해왔습니다. 저는 제가 리더십을 계발할 수 있었던 가장 중요한 요인이 바로 명상이라고 사람들에게 강조합니다. 저는 명상을 하면 그전까지 복잡하게 얽혀 모호했던 문제들이 선명해지는 것을 경험합니다. 이는 창의적인 생각을 촉발시킵니다. 하지만 그보다 더 중요한 사실은, 명상이 나 자신은 물론 다른 사람들을 향한 자비심을 키우도록 도와준다는 점입니다. 우리는 모두 극심한 스트레스를 받으며 살아갑니다. 명상은 제가 살면서 스트레스를 이겨내고 회복하는 힘을 기르는 데 결정적으로 기여했습니다.

자비로운 리더의 궁극적인 임무는 사회에 이익이 되는 이타적인 조직을 만드는 일입니다. 제가 확인한 바로는 이것이 조직을 유지하는 유일한 방법입니다. 조직에 꾸준히 기여할 수 있는 유일한 방법이자, 리더십을 이어갈 수 있는 유일한 방법이기도 합니다. 관건은 그 조직이 고객과 직원, 투자자 등 모든 관계자들을 위한 가치를 지속적으로 창출할 수 있느냐 하는 것입니다. 장기적으로 월등한 성과를 내려면 반드시 그래야만 합니다. 물론 그렇게 하지 않고도 단기적으로 많은 돈을 벌 수 있습니다. 하지만 장기적으로 성공을 이어가려면 이 방법밖에 없습니다.

결론적으로 우리에게는 자비롭고 진정성 있는 신세대 리더가 등장해 매일 만나는 수천 명의 사람들에게 긍정적인 영향을 줄 수 있어야 합니다. 우리는 이 일을 할 수 있는 리더들을 더 많이 양성하는 일에 관심을 기울여야 합니다. 정상에 있는 리더들만이 아니라 조직 곳곳에서 활동하는 리더들을 양성해 더욱 많은 사람들이 자비로운 리더가 되어 일상적으로 사회를 변화시키고 기업과 경제 시스템에 이타심을 끌어들일 수 있도록 해야 합니다.

어떻게 하면 더 많은 사람들을 내면적 가치를 중시하는 자비로운 리더로 양성해 세계 곳곳에서 조직을 변화시킬 수 있을까요?

모든 것은 사람에게 달렸다

달라이 라마와의 대화

달라이 라마 아주 중요한 사실을 한 가지 짚어주셨습니다. 리더는 태어나거나 만들어지는 것이 아니라 성장하고 양성된다는 사실입니다. 제가 생각하기에 리더를 양성하는 또 다른 방법은 내적 가치를 단련시키는 것입니다. 많은 리더들이 전에도 이런 이야기를 들어봤지만 완전히 납득하지는 못하는 것 같습니다. 그래서 "아주 좋은 생각이네요"라고 말하면서도 자신들에게 아주 적절한 방법은 아니라고 보는 것 같습니다. 불교에서는 만물이 상호의존적이고 서로 연결되어 있다고 생각합니다. 불교 철학의 한 개념입니다만, 본질적으로 일반 대중에게도 널리 활용될 수 있는 내용입니다. 따라서 좋은 리더를 양성하는 일은 교육이나 환경과도 관련이 있습니다.

제가 지금부터 말씀드리려는 내용에 동의하지 않는 분도 계시겠지만, 제가 처음 예루살렘을 방문하기 전에 이스라엘 언론 몇 군데에서 찾아와 홀로코스트에 대해 이야기를 나눴습니다. 저는 불자이기에 불교적 관점에서 보면 히틀러조차도 마음에는 자비의 씨앗이 있었으리라고 생각합니다. 태어나면서부터 악했을 리는 없고, 여러 환경 탓에 결국 그렇게 되었겠지요. 제가 이스라엘 텔아비브에 도착하자 "달라이 라마는 히틀러조차 좋은 사람이라고 생각한다"로 시작하는 뉴스 보도가 있었다고 전해 들었습니다. 제가 의도했던 바는 사람이 태어날 때는 누구나 똑같다는 뜻이었습니다. 모든 사람에게는 선해지거나 악해질 수 있는 가능성이 있다는 이야기입니다.

우리는 그중에서도 긍정적인 가능성을 키워야 합니다. 긍정적인 감정은 자기 자신은 물론 타인에게도 이롭습니다. 따뜻한 마음과 책임의식이 현대사회의 각 분야에서 할 수 있는 중요한 역할이 분명히 있습니다. 뇌과학자들은 이미 그런 방향으로 변화할 수 있다는 것을 밝혀냈습니다. 훈련으로 달라질 수 있습니다. 그러니 이제 사람들에게 달렸습니다. 교육은 물론 다른 분야에서도 어떤 식으로든 적당한 계획이 마련되어야 한다고 생각합니다.

고대에도 마찬가지였습니다만, 사회 전체적으로 보면 누구나 사랑과 자비가 중요하다는 것을 압니다. 모든 주요 종교에서 전통적으로 사랑과 자비의 중요성을 이야기하는 이유도 그 사회가 사랑과 자비를 소중하게 여기기 때문입니다. 수천 년 동안 그래왔습니다. 그러다 과학이 등장하고 기술이 개발되었지요. 과학과 기술은 그 이로운 혜택이 바로 나타납니다. 기도는 다릅니다. 기도를 한다고 해서 반드시 좋은 일이 곧바로 일어나는 것은 아닙니다. 예를 들어 요즘 불교 신자들은 내세나 미래영겁을 위해 기도하는 것은 '너무 먼 이야기'라고 생각할지 모릅니다. 반면에 기술은 결과가 즉각적으로 나타나기 때문에 사람들은 당연히 거기에 무척 흥분합니다. 저는 거기서부터 우리가 내적 가치를 잊어버리기 시작했다고 생각합니다. 물질이나 현상은 자비심과 아무런 관계가 없습니다. 그럼에도 지난 수백 년 동안 우리는 물질적 현상에 무척 신이 났고, 엄청난 편리함을 경험했습니다.

이제 물질적 가치의 한계를 경험할 때가 되었습니다. 실제로 우리는 많은 불필요한 문제들에 직면하고 있습니다. 그래서 새로운 깨달음과 함께 인간의 기본적인 가치로 조금씩 돌아가고 있습니다. 우리는 여전히 인간이고, 쾌락과 고통을 경험합니다. 물질적 가치와 기술이 이런 사실을 바꿀 수는 없으며 내적 평화를 가져다주지도 못합니다. 20세기 말부터 새로운 경험과 새로운 관심, 새로운 깨달음을 통해 우리에게 변화가 나타나기 시작했습니다. 21세기가 시작된 지금 훌륭한 사상가들이 우리 사회에 부족한 중요한 요소들을 짚어주고 있습니다. 대단히 놀랍고 희망적인 변화라고 생각합니다. 우리의 노력이 우리가 사는 동안에 구체적으로 완전한 결실을 보지 못하더라도, 우리가 뭔가 시작하면 미래 세대들이 뒤따를 것입니다. 21세기가 끝나기 전에 더 나은, 더 자비롭고 인간적인 사회가 열릴 것입니다. 그러면 자비로운 리더십도 생겨나겠지요.

15장 —— 지속 가능한 미래 사회를 위한 경제 모델

우리는 지금껏 무분별한 이기심이
그저 부도덕하다고만 생각해왔다.
이제는 그것이 나쁜 경제학이라는 것을 안다.

- 미국 제32대 대통령, 프랭클린 루스벨트

로시 조앤 할리팩스

Roshi Joan Halifax

인류학자이자 작가다. 동시에 불교를 가르치는 교사이자 선사Zen priest로서 뉴멕시코 산타페에 불교사원인 유파야 선 센터the Upaya Zen Center를 설립하고 공동 대표이자 교장을 맡고 있다. 주로 참여 불교와 응용 불교를 연구하며, 특히 말기환자를 위한 명상 치료에 초점을 맞추고 있다.

마인드&라이프 마지막 토론의 사회를 맡아 앞서 진행된 토론 내용을 요약 정리하고, 성별과 지능이 이타주의에 미치는 영향을 포함해 그간 제기된 여러 의문들을 되짚는다. 이에 달라이 라마는 개선의 여지를 보여주는 희망적 징후들이 많았다고 평하며, 세속 윤리를 강화해야 한다고 강조한다.

자비심은 인간이 살아남기 위해 꼭 갖춰야 할 필수품

조앤 할리팩스 경제학과 뇌과학이 한자리에서 논의된 것이 이번이 처음은 아닙니다만, 이런 식의 대화는 여전이 새롭습니다. 앙투아네트 훈지커-에브네터와 산지트 벙커 로이 같은 분들의 발표를 통해 응용 경제학을 토론의 장으로 끌어들인 것은 정말 멋집니다. 그 덕분에 불교 신자가 아닌 사람들도 다른 사람의 행복과 주변 환경에 깊은 관심을 갖고 이타주의를 인생의 지표로 여기며, 달라이 라마께서 강조하시는 바로 그 원칙들을 오늘날 세계 여러 곳에서 실천하고 있다는 사실을 알게 되었습니다.

저는 몇 년 전 달라이 라마께서 다음과 같이 말씀하셨던 것을 기억합니다. 개인적으로는 그 말씀이 제 인생의 지표가 되었습니다.

“자비심은 사치품이 아니다. 인간이 살아남기 위해 꼭 갖춰야 할 필수품이다.”

이러한 신념이 지금 우리가 하고 있는 모든 활동의 원동력이라고 생각합니다.

또 한 명의 명사가 남긴 구절을 소개해드리고 싶습니다. 지금은 고인이 된 미국 제32대 대통령 프랭클린 델러노 루스벨트Franklin Delano Roosevelt가 한 말입니다.

"우리는 지금껏 무분별한 이기심이 그저 부도덕하다고만 생각해왔다. 이제는 그것이 나쁜 경제학이라는 것을 안다."

지금까지 우리는 다음과 같은 질문을 품고 이 자리에 함께 있었습니다. '물질적 번영과 인간적 행복, 그리고 환경 보호를 모두 이뤄낼 수 있는 경제 시스템을 구상할 수 있을까?' 이것을 아주 단순하게, 직접적으로 말하면 '그런 경제 시스템이 현재 존재하는가, 그것을 강화하거나 발전시킬 수 있는가?'가 됩니다. 이 질문의 바탕에는 타니아 싱어와 리처드 데이비슨을 비롯한 여러 학자들이 탐구해온 또다른 문제가 자리잡고 있습니다. 바로 '현대 경제 발전에 이타심과 공감, 그리고 자비심이 어떤 기능을 하는가?'라는 점입니다.

리처드 데이비슨과 타니아 싱어, 대니얼 뱃슨, 그리고 조앤 실크 덕분에 우리는 인간과 동물의 뇌를 들여다보고 이타심과 공감, 자비의 신경학적 근거를 탐구해볼 수 있었습니다. 또한 에른스트 페르와 리처드 레이어드, 윌리엄 하버의 도움으로 이타심과 관용에 관한 경제학 실험을 살펴보았습니다. 앙투아네트 훈지커-에브네터, 아서 베일로이언, 산지트 벙커 로이, 윌리엄 조지로부터 글로벌 차원에서는 물론 지역 경제 시스템에서 진행되고 있는 고무적인 시도들도 전해 들었습니다. 존 던과 마티외 리카르드가 이타심과 자비심에 관한 불교적 관점을 설명하기도 했습니다.

에른스트 페르는 오늘날 세계 민주주의의 가치에 초점을 맞추고, 그것이 공공재 영역에 어떤 영향을 미치는지 다루었습니다. 여기서 공공재는 반드시 물질적인 것만을 말하는 게 아닙니다. 공공재는 우리가 탐구하고 있는 이타심의 영역이기도 합니다. 강력한 시민 규범이 경제 시스템에 미치는 영향에 대해서도 살펴보았습니다. 에른스트 페르는 그리스 상황을 예로 들었고, 이타적 징벌을 아주 흥미로운 방식으로 설명했습니다. 하지만 어떻게 하면 제재가 필요 없는 이타적인 경제 시스템을 만들 수 있을까요? 이 자리에 계신 많은 분들이 이렇게 질문하고 계시리라 생각합니다.

매우 중요한 사실은 타니아 싱어와 리처드 데이비슨이 발표했듯이 우리 인간은 이렇게 복잡한 세상에서도 마음 훈련으로 이타심과 자비, 공감, 그리고 회복 탄력성을 키울 수 있다는 것입니다. 우리는 앞서 공감과 공감에 따른 염려, 괴로움, 이타심, 자비를 연구한 사회심리학 실험과 뇌과학 실험을 살펴보았습니다. 이 모든 감정은 세상을 선하게 바꾸는 데 꼭 필요한 자질이며, 우리가 벙커와 앙투아네트, 아서의 발표를 들으며 열광했던 이유도 그래서일 것입니다. 우리는 생각했지요.

"아, 건강한 이타주의에 기초한 경제 시스템을 만들 수 있구나. 자비심에 기초한 경제 시스템을 만들 수 있구나."

서양인들은 증거를 아주 중시합니다. 그런 점에서 명상 수행과 뇌의 작용, 자비심의 신경학적 근거 등을 선구적으로 연구해온 데이비슨에게 진심으로 감사의 뜻을 전하고 싶습니다. 제가 지금까지 정리한 부분에 대해 데이비슨의 간단한 설명을 듣고 달라이 라마와의 대화로

이어가면 좋겠습니다.

리처드 데이비슨 지금부터 이번 콘퍼런스에서 부각된 주요 주제들을 요약하고, 토론하는 동안 제기됐던 몇 가지 구체적인 질문들을 달라이 라마께 여쭤보겠습니다. 우리는 첫 번째 발표에서 공감과 이타심이 어떤 차이가 있는지 살펴보고 각각의 심리학적, 뇌과학적 근거를 확인했습니다. 공감-이타주의 가설에 대해서도 이야기를 나누었습니다. 공감하는 감정과 남을 도우려는 사회친화적 동기가 연결되면 자기 자신보다는 남에게 이로움을 주고자 하는 궁극적인 목표가 생긴다는 주장입니다. 공감에서 비롯된 동기부여는 이기적이지 않고 이타적이라는 공감-이타주의 가설을 뒷받침하는 증거에 대해서도 설명을 들었습니다.

우리는 공감의 뇌과학적 근거에 대해서도 배웠습니다. 사람들이 타인의 고통을 접하면 그들의 뇌에서는 자신이 직접 고통을 겪을 때와 유사한 반응이 일어납니다. 함께 논의했던 뇌 부위 중 하나가 뇌도 혹은 감각수용 영역이라고 하는 곳입니다. 신체와 아주 긴밀한 관계를 맺고 있는 부위입니다. 사람은 남이 고통스러워하는 모습을 보고 쾌감을 느낄 수도 있다는 샤덴프로이데 개념도 알게 되었습니다. 구체적인 실험에서는 정의롭지 못한 사람이 통증을 느끼는 모습을 지켜보는 참가자에게서 샤덴프로이데를 확인할 수 있었습니다. 특히 여성과 달리 남성의 경우에 공정하지 못한 사람이 고통을 받는 모습을 볼 때 뇌의 보상 영역이 활성화되었습니다. 이러한 변화는 복수하려는 욕구와 관련이 있었습니다.

샤덴프로이데는 이번 콘퍼런스에서 남성과 여성의 차이를 드러낸 여러 사례 중 하나입니다. 벙커는 남자들은 교육하기 쉽지 않다고 하면서 태양광 에너지를 다루는 여성 기술자에 대해서는 매우 멋지게 묘사했습니다. 그래서 제가 달라이 라마께 여쭤보고 싶은 것은 이런 남녀 차이를 이해하는 데 있어 저희가 불교 전통에서 도움 받을 부분이 있을까 하는 점입니다. 남녀 차이가 기초 연구에서뿐만 아니라 현실 적용에서도 드러났기 때문에 불교와 관련지어 말씀해주실 부분이 있다면 몹시 흥미로울 것 같습니다.

잘못된 사회적 관습이 만들어낸 남녀 불평등의 사회 구조

달라이 라마 제 생각에는 모든 신경세포와 다양한 정신 상태, 이를테면 전체적인 기운과 미묘한 감정 변화에 이르기까지 남녀가 100퍼센트 일치합니다. 인체 기관에 약간 차이가 있을 뿐 기본적으로는 남녀가 똑같습니다. 불교 관점으로 보면 부처님은 남녀의 동등한 권리를 인정하셨습니다. 당시 인도에서는 남녀를 차별하는 문화가 강했지만 부처님은 남녀 누구나 수계(受戒, 불교에서 부처님의 가르침을 받는 자가 지켜야 할 계율에 대한 서약—옮긴이주)를 하고 비구(니)가 될 수 있는 기회를 주셨습니다. 물론 당시 사회가 남성의 지위를 더 높게 인정했기 때문에 부처님이 정하신 계율을 집대성한 『율장Vinaya texts』(승가 구성원의 처신에 관한 수칙과 규정을 정리한 여러 권의 경전)을 보면 그러한 차별적 요소가 승가 서열에 영향을 미친 부분도 있습니다.

툽텐 진파 일반적으로 불교 전통이나 불교식 사고에서는 남성은 자비와 연결시켜 남자답다고 하고, 여성은 보통 지혜와 연결시키지요.

달라이 라마 사람은 물론이고 심지어 동물조차도 가장 애틋한 존재로 어머니를 꼽는 점이 중요하다고 생각합니다. 어머니는 우리에게 가장 많은 사랑을 베풀어주는 존재입니다. 티베트에서는 '모든 어머니 중생ma gyur sems can tham cad'이라는 표현을 쓰는데, 아주 강력하고 특별한 울림을 주는 말입니다. 그런데 그 말을 바꿔서 '모든 아버지 중생'이라고 하면 어색하게 들립니다. 제 생각에는 여성에게 뭔가 다른 점이 있는 것 같습니다. 물론 이번처럼 다양한 학문 분야가 참여한 콘퍼런스 덕분에 생물학적으로 여성이 남성보다 타인의 고통에 더욱 민감하다는 사실을 알게 되었습니다.

이미 많은 분들이 알고 계실 테니 간단히 말씀드리겠습니다. 아주 오래전, 아마도 10만 년쯤 전에는 인간들 사이에 리더십이라는 개념 자체가 없었을 겁니다. 모두가 아주 작은 공동체를 이루고 아버지, 어머니 가릴 것 없이 누구나 함께 일하고 무엇이든 나눠 가졌습니다. 그러나 인구가 증가하면서 삶이 상대적으로 복잡해졌고, 문제를 일으키는 사람들도 생겼습니다. 그래서 공동체가 좀더 안정되도록 하기 위해 리더십 개념이 발달한 것입니다.

당시에는 지배의 근거 같은 것은 가르치지 않았기 때문에 다른 동물들처럼 신체적으로 힘이 세면 그만이었습니다. 제가 알기로 코끼리들 사이에서는 어미들이 지배적인 지위를 갖습니다. 확실치는 않지만 암컷 코끼리가 힘이 좀더 센 모양입니다. 어쨌거나 인간 사회에서는 남성 지배가 시작되었습니다. 이런 말씀을 드려도 될지 모르겠습니다만, 일부 종교 개념이 그런 사고가 확산되도록 일조한 면도 있습니다.

자비에 근거한 비폭력을 일컫는 '불살생ahimsa' 사상과 종교적 조화라는 발상은 모두 인도의 유산입니다. 그래서 저는 저 자신을 '인도의 메신저'라고 자부합니다. 요즘은 '인도의 아들'이라고 표현하기도 하지요. 이런 가치에 대한 제 인식과 사고방식은 인도의 날란다Nalanda(5~12세기에 인도 비하르 지역에서 성쇠를 거듭했던 불교대학) 전통에 따른 것입니다. 그리고 물리적으로 보면 지난 51년 동안 제 육신은 인도에서 나는 달dal(말린 콩류—옮긴이주), 쌀, 차파티chapati(밀가루로 둥글납작하게 만들어 구운 빵—옮긴이주)를 먹고 살았습니다. 그러니 정말로 인도의 아들이 맞지 않습니까.

저는 평소 인도의 아들이라고 말할 때 대단한 자부심을 느낍니다. 그런데 며칠 전 한 종교 지도자 모임에서 이런 말을 한 적이 있습니다.

"우리는 인도의 천년 전통을 따르고 있지만, 인도 사회에는 여전히 카스트 제도와 차별이 존재합니다. 헌법에서 평등을 보장하고 있지만 수백 년 전부터 이어져온 일부 잘못된 사회적 관습이 아직까지 영향을 미치고 있습니다. 우리는 이러한 것들에 주목해야 합니다. 그중에 인도의 전통 문화가 담겨 있더라도 걸림돌로 작용하는 것들은 과감히 바꿔나가야 할 때가 왔습니다."

어쨌거나 이건 여담입니다. 다시 제가 하던 이야기로 돌아가면 인류 역사에서 점차적으로 교육이 중요한 기능을 하게 되었습니다. 그 결과 남녀 불평등이 상당히 개선되었습니다. 그럼에도 불구하고 남성 지배 현상이 아직 남아 있습니다. 대부분의 리더도 남성이지요. 이제 능력이

나 비전, 지능이나 학력만으로는 충분하지 않은 시대가 되었습니다. 리더에게는 자비로운 마음가짐이 필요합니다. 영리한 두뇌뿐 아니라 따뜻한 마음을 함께 계발해야 할 때가 왔습니다. 자비의 가치를 높이는 분야에서 여성들이 더욱 적극적인 리더십을 발휘해야 합니다.

제 생각에는 조만간 리더의 대부분이 여성인 시대가 올 것 같습니다. 물론 자비로운 여성을 얘기하는 것입니다. 어떤 여성들은 자비롭지 않습니다! 그렇지만 일반적으로는 여성이 훨씬 자비롭습니다. 따라서 리더 대부분이 여성이라면 우리가 직면할 난제들이 꽤 줄어들 것입니다. 이게 정말 그런지는 저도 잘 모릅니다만, 이따금 다른 사람과 대화한다는 기분으로 다른 사람의 이익을 존중하면서 접근하면 많은 문제들이 쉽게 풀릴 수 있겠다는 생각이 듭니다. 하지만 '나'에 편향되어 "절대 질 수 없어"라는 이기심이 끼어듭니다. 상대방도 마찬가지겠지요. 그러니 어떻게 문제를 해결할 수 있겠습니까. 우리 남성들은 지나친 '나, 우리'라는 의식 때문에 문제 해결에 걸림돌이 생깁니다. 이제 남성들이 물러나야 할 때가 왔습니다.

불교적 사고방식을 가진 저는 불자이니 당연히 이런 식으로 생각을 합니다만, 성별이나 삶의 모습과 상관없이 동물이든 곤충이든 모든 존재는 동등하다고 봅니다. 저는 이 같은 불교 신념을 진심으로 실천하고 있습니다만. 물론 모기와의 관계는 아직도 별로 안 좋을 때가 종종 있습니다.

공감에서 자비로 나아가게 하는 인간의 지적 능력

리처드 데이비슨 이야기가 자연스럽게 공감과 자비의 관계로 넘어간 것 같습니다. 서양 과학자들이 공감을 정의하는 방식은 대부분 타인의 고통을 느끼는 것과 관련이 있습니다. 좀더 불교적인 틀에서 보면 참을 수 없는 고통의 본질을 경험하는 것입니다. 앞서 타니아 싱어가 fMRI를 이용해 마티외 리카르와 함께했던 실험에서 우리는 공감에서 자비심으로 전환할 때, 마티외가 확연히 다른 경험을 하는 것을 확인했습니다. 이 실험은 사람들이 '감정 소진' 이라고 표현하는 것이 자비심을 배제한 채 공감만 경험할 때 생기는 것일 수 있다는 통찰을 얻게 해주었습니다.

또다른 실험에서는 자비 명상 훈련을 시작한 초보자와 장기 명상 수행자의 뇌를 비교하면 다른 점이 여럿 발견되고, 그중에는 차이가 꽤 큰 부분도 있다는 것을 확인했습니다. 이러한 결과를 토대로 자비심을 기르는 수행을 시작했을 때 실제로 어떤 변화가 일어나는지 달라이 라마께서 설명을 해주시면 좋겠습니다. 나중과 비교했을 때 수행 초기에는 어떤 단계들이 있고, 시간이 흐를수록 자비심을 경험하는 것이 어떻게 달라질까요?

달라이 라마 공감과 같은 긍정적인 감정에도 한계가 있습니다. 그래서 목적과 목표를 인식시켜줄 지적 능력의 도움이 필요합니다. 일반적으로 말해서 고통을 극복할 수 있는 가능성이 보여야 그 고통에 대한 관심도 더 커지고 더 현실적으로 변합니다. 그런 가능성이 전혀 안 보이면 그저 염려하고 염원하는 마음

뿐 적극성은 사라지고 어려움을 느낄 따름입니다. 결과적으로 무기력함을 느끼고 낙담하고 의기소침해지지요. 따라서 자비로운 행위는 반드시 지혜와 결합해야 합니다. 자비와 지혜는 나란히 가야 합니다. 인지 능력을 활용해 상황을 제대로 이해하고, 벗어날 길이나 문제를 극복할 방법이 있는지 판단할 수 있어야 합니다. 상황을 더 잘 이해할수록 뭔가 시도해보려는 열망도 커집니다.

공감이나 자비의 가치를 인식하는 것은 지혜와 깨달음이 작용한 결과라고 생각합니다. 동물은 종족을 염려하는 능력이 생물학적으로 매우 제한되어 있습니다. 사고력이 개입할 것 같지도 않습니다. 앞서 편향된 자비심과 편향되지 않은 자비심 혹은 집착하지 않는 자비심에 대해 살펴보았습니다만, 우리 인간만이 편향되지 않은 형태의 보편적인 자비심을 기를 수 있습니다. 지적 능력이 있어야 하기 때문입니다.

우리에게는 왜 자비심이 필요할까요? 우리의 지혜와 지식이 자비심을 가지면 내적으로 강인해지고 평화로워진다고 말해주기 때문입니다. 그뿐 아니라 자비심은 다른 사람에게도 도움을 줍니다. 우리는 자비심이 부족해서 생긴 여러 가지 불필요한 문제를 겪고 있습니다. 이런 생각은 모두 지적으로 판단한 결과입니다. 이런 형태의 지능을 개발하기 위해서는 좀더 큰 그림을 볼 수 있는 종합적인 사고력을 키워야 합니다.

식물을 생각해보세요. 식물은 감정이 없고 고통과 즐거움을 느끼지도 못합니다. 그런데 최근 일부 과학자들은 같은 종류의 두 식물을 가져다 한 식물에는 꾸중을 하고 다른 식물에는 칭찬을 할 경우 칭찬받은 식물이 더 잘 자란다고 주장했습니다. 그렇지 않습니까?

리처드 데이비슨 과학자들은 아닙니다.

달라이 라마 과학자가 아니라고요? 그렇다면 잘 됐군요. 그런 대답을 원했습니다. 인도의 고전 철학에 보면 식물의 삶에 관하여 이와 같은 질문을 다룬 논쟁이 있습니다. 부처님은 식물에게는 감정이 없고 고통과 즐거움을 느낄 수 없다고 주장하지만, 자이나 교도들은 반대 시각을 갖고 있었습니다.

먼저 고통이 어떤 것인지 이해하고 고통과 즐거움의 차이를 구분할 필요가 있습니다. 그렇게 고통을 알고 나면 우리 인간뿐 아니라 고통과 쾌락을 느끼는 다른 동물들까지도 고통을 원하는 경우는 없다는 것도 알게 됩니다. 이제 불교의 연기법law of causality에 따라 살펴봅시다. 고통은 어디에서 옵니까? 주된 원인과 조건은 무엇입니까? 어떤 정신 상태에서는 신체적 고통이 깊은 쾌감을 일으키기도 합니다. 모두 지적 능력과 종합적인 사고의 결과입니다. 지성으로 신체적 고통이 가진 어떤 목적과 유용성을 발견할 수 있으면 정신적으로 그 고통을 기꺼이 받아들이는 것입니다.

2년 전 수술을 받을 일이 있었는데 마음으로는 걱정이 좀 됐지만 머리에서는 수술을 받아야 한다고 말하고 있었습니다. 전문 의료진이 보여준 환한 미소와 진심 어린 애정도 큰 효과를 발휘했습니다. 저는 곧 안심이 됐습니다.

전체를 보는 안목, 좀더 폭넓은 관점이 매우 중요합니다. 그래야 확신을 갖고 마음의 평화를 얻을 수 있습니다. 더욱 침착하고 자비로운 마음은 내적 강인함과 자신감으로 이어집니다. 스트레스와 긴장, 걱정과 불안이 줄어듭니다. 전체적으로 보지 못하고 순간적인 느낌에만 의지하면 자비심이 우스워 보일 수 있습니다. 그럴 바에는 차라리 무심한 태도로 객관성을 유지하면서 감정 없이 기계처럼 행동하는 편이 낫습니다. 과학적인 자세이지요. 철저하게 객관적이고, 감정을 배제하는 자세 말입니다.

조앤 할리팩스 말씀 고맙습니다.

에른스트 페르에게도 매우 감사하다는 말을 전하고 싶습니다. 타니아 싱어와의 공동 작업과 취리히대학에서 진행하고 있는 실험까지 모두 정말 대단한 것 같습니다. 경제학 분야에서는 아주 획기적인 실험이고, 에른스트는 그 최첨단에 서 있습니다. 그런 점에서 에른스트가 미래를 전망해주시면 좋을 것 같습니다.

질투심, 인간의 행복을 방해하는 가장 큰 장애물

에른스트 페르 이번 논의의 목적은 그동안의 연구와 정책을 종합하고 앞으로 나아갈 방향을 제시하는 것입니다. 저는 두 부분으로 나눠 말씀드리고 싶습니다. 하나는 이번 콘퍼런스에서 반드시 기억해야 할 메시지입니다. 우리가 이번 콘퍼런스를 통해 무엇을 배웠느냐 하는 것이지요. 또 한 가지는 우리 앞에 아직도 많은 과제가 남아 있기에 그 부분에 대해서도 말씀드리고 싶습니다. 그런 다음 달라이 라마께 여쭤볼 질문이 몇 가지 있습니다.

우리는 조앤 실크의 발표에서 인간과 동물에게 중요한 차이가 있다는 사실을 확인했습니다. 인간 이외의 동물들도 자주 이타적으로 행동합니다만, 대체로 친족이나 같은 집단일 때만 그런 행동을 보입니다. 우리 인간과 가장 유사한 침팬지조차도 다른 상대를 염려한다고 보기 어려운 증거들이 꽤 많습니다. 인간의 이타심은 다른 동물들과 달리 친족이나 같은 집단 구성원에게만 한정되지 않습니다. 과학적으로도 인간이 타인의 행복을 염려하고, 낯선 사람에게도 이타심이 확대될 수 있다는 점이 확인되었습니다.

하지만 인간의 이타적인 행동은 다른 사람도 이타적으로 행동하는지에 따라 조건부 형태를 취하기도 합니다. 이런 성향은 좋은 면도 있고 나쁜 면도 있습니다. 먼저 희망적인 면은 우리가 먼저 이타적으로 행동할 경우 좋은 본보기를 제공해 다른 사람들도 똑같이 행동하도록 유도할 수 있다는 것입니다. 하지만 이기적으로 행동하는 사람들 때문에 나쁜 본보기도 함께 생긴다는 것이 문제입니다. 이처럼 좋은 본보기와 나쁜 본보기가 경쟁하는 가운데 우리는 좋은 본보기를 늘릴 방법을 찾아야 합니다.

이번 콘퍼런스를 통해 우리는 이타심이 인간의 뇌에 각인되는 모습을 확인했습니다. 이타심은 단지 우리 눈에 보이는 행동으로 그치지 않습니다. 우리가 물질적 자원을 획득할 때 반응하는 뇌의 보상 영역이 이타적으로 행동해 다른 사람들에게 도움을 줄 때도 똑같이 활성화됩니다. 이 또한 희망적입니다. 인체의 생물학적 작용을 좀더 바람직한 방향으로 바꿀 수 있다는 의미이니까요. 심지어 이타적으로 행동하면 더 행복해진다는 것을 보여주는 증거도 있습니다.

이러한 증거들이 갈수록 행동과학과 사회과학 분야에서 인정을 받고 있습니다. 제가 20년 전에 이 주제로 연구를 시작했을 때만 해도 동료들로부터 무시당하고 비웃음을 샀지만 요즘은 아주 폭넓게 인정받고 있습니다. 그것은 정말로 예리한 과학입니다. 그리고 적어도 경제학에서는 음울한 학문을 고귀한 학문으로 바꾸는 작은 혁명이 일어나고 있다고까지 말씀드릴 수 있습니다.

또한 우리가 인간의 여러 가지 동기나 행동을 이야기할 때, 인간에게 이타심을 발휘할 능력이 있다는 사실을 감안하지 않고는 우리 사회가 어떻게 굴러가는지 제대로 이해하기 어렵다는 것도 확인했습니다. 시장이 어떻게 작동하는지도 이해하지 못합니다. 기업과 정치, 가정생활도 마찬가지입니다. 아주 많은 사람들이 이타적인 성향을 갖고 있다는 사실을 무시한 채로는 인간의 진화도 이해할 수 없습니다. 세상을 발전시키고 싶다면 우리가 지닌 이타적인 본성을 염두에 둬야 합니다.

많은 과학자들이 이렇듯 폭넓은 관점을 수용하면서 행복에 관한 연구도 증가하고 있습니다. 요즘은 행복하려면 무엇이 필요한지 알려주는 연구가 아주 많습니다. 이제는 막연히 추측하는 수준이 아닙니다. 개발도상국도 마찬가지입니다. 특히 선진국에서는 행복이 주로 배우자, 친구, 동료들과의 원만한 관계에서 비롯됩니다. 사회적인 관계를 잘 유지하는 것이 중요합니다. 그런데 오늘날 우리의 경제 시스템은 관계의 가치를 충분히 인정하지 않습니다. 하지만 실제로는 관계가 아주 중요합니다. 우리는 사회적 관계를 더욱 중시하는 방향으로 보상 체계를 바꾸고, 가능하다면 우리의 인성도 변화시켜야 합니다.

우리가 추가로 고려해야 할 것들 중에 다양한 장애물도 있습니다. 인간의 행복을 방해하는 가장 큰 장애물은 질투심입니다. 리처드 레이어드의 발표에서도 살펴보았지만, 다른 행복 연구들도 확실히 그런 방향으로 지적합니다. 참으로 흥미로우면서도 인정하기가 다소 껄끄러운 것 또한 사실이지만 사람들은 자신의 비교 대상이 수입을 더 많이 올리면 괴로워합니다. 이런 감정은 매우 파괴적이어서 어떻게 극복할 수 있을지 방법을 찾는 것이 매우 중요합니다.

제게도 도전할 과제가 생겼습니다. 많은 것을 배우고 장애물이 뭔지도 알았는데 도대체 무슨 과제냐고요? 여기서 개인적인 이야기를 좀 드리겠습니다. 우리 인간에게는 진실 여부를 확실히 알지 못하면서도 강하게 믿고 있는 어떤 것에 대해 (자신이 믿고 있던) 그게 진실이라고 스스로를 세뇌시키는 능력이 있습니다. 저도 예외는 아닙니다. 과학자로서 편견이 있었던 저는 제가 옳다고 굳게 믿었던 것들 중에 틀린 것도 있다는 사실을 받아들여야 했습니다. 따라서 열린 자세로 우리가 정말 아는 것과 알고 있다고 믿는 것을 확실히 구분할 줄 아는 능력이 무척 중요합니다. 그러한 자세로 제가 생각하는 과제들을 정리해보겠습니다.

제가 보기에 아직까지 답을 얻지 못한 질문 중 하나는 '시간이나 상황과 무관하게 이타심의 정도에 영향을 미치는 개인의 특질이 있는지, 만약 있다면 어떻게 설명될 수 있느냐?' 하는 것입니다. 어떤 요인들이 이타적인 성격을 구성하고 있을까요? 이 질문은 곧 '사람들의 성격을 어떻게 바꿀 수 있느냐?' 하는 또다른 질문으로 이어집니다. 같은 맥락에서 제대로 교육하면 이타심도 기를 수 있을까요? 그럴 거라 믿습니다. 그렇지만 정말 그런지는 모르겠습니다. 그렇게 믿고 싶고, 진실로 그렇기를 바랍니다. 하지만 솔직히 말하면 잘 모르겠습니다. 우리가 정말 질투하지 않을 수 있을까요? 우리 본성에 그런 면이 있을까요? 질투를 하지 않을 수 있다면 방법은 무엇일까요? 시간이 얼마나 걸려야 변화가 일어날 수 있을까요? 만약 어린아이를 방에 홀로 12년간 가둔 채 먹을 것만 주고 사회적 상호작용할 기회를 전혀 안 준다면 무슨 일이 벌어질까요? 실제로 그런 잔혹한 사례가 있었는데, 아이는 말하는 법도 배우지 못합니다. 꽤 오랜 시간 동안 아이가 다른 사람들과 교류할 기회를 박탈당할 경우, 그 뒤에 기회가 주어져도 말하는 법을 배우지 못하는 것 같습니다. 언어 습득에는 결정적 시기가 있는 것이지요. 그렇다면 이타심을 기르는 데도 결정적 시기가 있을까요? 솔직히 우리는 알지 못합니다.

아무래도 이번 콘퍼런스와 달라이 라마께 던져진 가장 중요한 질문은 이타적 사회를 조성하는 데 불교가 필요한가 하는 것입니다. 저는 불교 신자가 아닙니다. 그래서 더 궁금합니다. 불교에서 가장 중요한 요소, 서양에도 전해져 우리가 불교의 가장 좋은 점을 취할 수 있도록 도와줄 요소는 무엇인가요? 지금보다 더 이타적이고 지금보다 더 나은 사회를 이루기 위해서는 불교의 어떤 요소가 가장 중요한가요?

조앤 할리팩스 괜찮으시다면 불교의 어떤 면이 불교를 믿지 않는 세계에도 전해져 시민 사회를 형성하는 데 도움을 줄 수 있다고 생각하시는지 달라이 라마께서 간단히 말씀해 주시기 바랍니다.

다른 사람의 행복을 보살펴야 하는 이유

달라이 라마 2,000년 넘게 지구상에는 여러 종교가 공존해 왔습니다. 인도가 아주 좋은 예라고 생각합니다. 세계의 모든 주요 전통을 만날 수 있지요. 다양한 특질을 가진 사람들이 존재하는 이상 여러 종교가 필요하게 마련입니다. 그것은 분명한 사실입니다.

자이나교와 불교에는 창조주 개념이 없는 반면 연기법을 따르는데, 제 생각에는 연기법이 다윈의 진화론과 상당히 밀접한 것 같습니다. 기독교, 이슬람교, 힌두교, 유대교 등 주요 종교 전통은 창조주로서 신의 존재를 확신합니다. 이들 종교는 창조주를 중심에 놓고 그 존재를 굳게 믿기 때문에 극단적인 자기중심 사고를 누그러뜨리는 효과가 있습니다. 당신이 신에게 완전히 순종한다고 해봅시다. 신에게 완전히 순종하고 신이 만물을 창조한다고 믿는다면, 자연스럽게 만물을 존중하고 사랑하는 마음이 생겨납니다. 이슬람교도인 제 친구 한 명이 이런 말을 했습니다.

"진정한 무슬림, 진정으로 이슬람교를 신봉하는 사람이라면 마땅히 만물을 사랑해야 한다. 왜냐하면 알라신이 만물을 창조하셨기 때문이다."

이것이 그들의 방식이고 그것으로 충분합니다. 불교에서는 이타심을 이와 다른 방식으로 접근하는데, 그 효과는 비슷합니다.

문제는 이러한 종교적 신념을 이해한다 해도 진지하게 생각하지 않을 수 있다는 점입니다. 종교를 믿지 않는 사람이 인구의 상당 부분을 차지할 정도로 많다는 것도 또 하나의 문제이고요. 제 생각에는 대다수 과학자들 역시 종교가 없는 것 같습니다. 물론 종교적 믿음이 아주 강한 과학자들도 있지요. 제게 스승이나 마찬가지인 독일의 저명한 물리학자 카를 본 바이츠제커Carl von Weizsäcker는 신앙심이 깊은 사람이었습니다.

오늘날 모든 인류에게 이타심과 공감이 필요한 이유는 종교적 신념 때문이 아닙니다. 이타심과 공감이 부족해서 발생하는 여러 가지 문제를 해소하기 위해서입니다. 이타심과 공감으로 문제의 근본 원인을 해결해야 합니다. 그것이 지금 우리가 해야 할 과제입니다. 그래야 할 때가 왔습니다. 이런 사람들 혹은 저런 사람들의 이야기가 아니라 70억이 넘는 모든 인류에게 해당되는 이야기입니다. 만약 종교를 기반으로 이타심과 공감을 장려한다면 보편적으로 확산되기 어렵습니다. 그런 현실적인 한계 때문에 대중적이고 포괄적인 관점에서 이타심과 공감을 장려하는 방법을 찾아야 한다는 결론에 이르게 됩니다. 모든 주요 종교 전통은 비슷비슷한 양상으로 이타심과 공감의 중요성을 인정하고 있습니다.

불교와 관련해서는 앞서 산스크리트 불교의 날란다 전통을 말씀드린 바 있습니다. 이는 다시 과학적 측면과 불교 철학 혹은 개념, 그리고 종교로서의 불교 이렇게 세 부문으로 구분할 수 있습니다. 종교로서의 불교는 제쳐둡시다. 불교식 사고의 과학적인 요소들은 마음과 감정에 대해 아주 구체적으로 설명합니다. 불교 개념에 대해서는 제가 앞서 상호의존성을 언급했었습니다. 불교에서는 창조주나 절대적인 존재를 인정하지 않는 대신에 모든 것에는 원인과 조건이 있어서 만물이 서로 연결되어 있다고 믿습니다. 이것이 자비심과 자비로운 사회, 자비로운 인류의 필요성을 나타내는 불교 개념입니다. 굳이 종교로서의 불교와 연결시키지 않아도 됩니다. 기독교인이거나 무교 혹은 종교를 거부하는 사람이어도 상관없습니다. 종교는 모두 나쁘다고 생각해도 괜찮습니다. 부디 더욱 친절한 사람이 되십시오. 당신의 행복이 다른 사람들의 행복과 연결되어 있기 때문입니다. 남이 아닌 당신의 이익을 위해 남의 행복을 보살펴야 합니다.

제 생각에는 불교 과학이 우리의 감정을 보다 종합적으로 설명해줍니다. 그리고 이미 많은 과학자들이 훈련으로 감정적 습관을 바꿀 수 있다는 점을 증명하려고 노력해왔습니다. 그 결과가 매우 좋습니다. 상상과 시각화를 통해 우리의 사고방식과 인식을 변화시킬 수 있다는 증거들이 확실합니다. 그것은 착각이나 맹목적인 확신이 아니라 명백한 사실입니다. 하지만 사람들에게 종교로서의 불교 수행을 요구하면 안 됩니다. 불교 과학 중에 마음을 다루는 법에 관한 정보를 제공할 수 있다는 측면과 만물은 서로 연결되어 있다는 불교 개념만 활용해야 합니다.

신이 모든 것의 중심이며 절대적인 존재라고 굳게 믿는 사람들은 이런 개념이 이상하다고 느낄 수 있습니다. 제 친구 중에 아주 훌륭한 가톨릭 사제인 웨인 수사가 있습니다. 어느 날 그가 불교의 공空 개념에 관심을 나타냈습니다. 서로 잘 아는 사이이기에 제가 그에게 말했습니다.

"관심을 거두게나."

제가 이렇게 말한 이유는 종교인으로서 이 문제를 깊게 파고들 경우 신에 대한 확고한 믿음과 완전한 순종심이 흔들릴지도 모른다는 염려가 생겼기 때문입니다. 저는 그것을 원치 않습니다.

세상에 아주 많은 종교 전통이 있습니다. 그런데 일부 유일신을 믿는 사람들은 오로지 신만을 너무 강조합니다. 우리는 모든 종교를 존중합니다. 이 종교들이 수천 년에 걸쳐 수많은 사람들에게 기여해온 전통에 진심으로 경의를 표합니다. 그것만으로도 존중하고 감탄하고 인정할 만한 이유가 충분합니다. 하지만 불교 철학의 비판적 관점에서는 창조주 개념에 대해 날카로운 비평을 계속해왔습니다. 전통적인 불교 사고방식에 단련된 다른 사람들과 마찬가지로, 저 역시 유신론을 비판하는 논리에 익숙합니다. 그렇더라도 이 때문에 유일신을 믿는 종교 전통의 위대함을 무시해서는 안 됩니다. 저는 이따금 저 자신을 독실한 불교 신자라고 표현하지만, 유일신을 믿는 종교 전통에 경외심을 갖고 있습니다. 불교 신자여도 충분히 그럴 수 있고, 당연히 그래야 합니다.

이타적인 사회를 만들려면 우리 모두가 불교를 받아들여야 할까요? 그렇지 않습니다. 하지만 불교가 가진 일부 기술과 지식을 활용할 수는 있습니다. 제 생각은 그렇습니다.

내면을 튼튼하게 하는 정신 훈련의 일상화

리처드 데이비슨 50년 전쯤에 서구 문화권의 사람들은 대부분 신체 운동을 하지 않았습니다. 그러다 규칙적인 운동이 건강에 유익하다는 과학 실험 결과가 나오기 시작했습

니다. 오늘날에는 많은 사람들이 규칙적인 운동을 매주 해야 할 일에 포함시키며, 그렇게 하는 사람들은 단지 몇 개월만 운동한다고 해서 평생 그 혜택을 누릴 수 있는 것은 아니라는 사실을 잘 압니다. 운동은 꾸준히 계속해야 합니다.

정신 운동이나 정신 훈련 역시 뇌와 신체에 이로운 영향을 준다는 사실이 과학 실험을 통해 증명되기 시작했습니다. 이런 과학 실험 결과들이 좀더 많은 사람들에게 규칙적인 정신 훈련의 중요성을 납득시키는 데 도움이 되기를 간절히 바라고 있습니다. 오늘날 사람들이 신체 운동을 하는 것처럼 정신 훈련도 매주 규칙적으로 실천하여 일상의 한 부분이 되도록 하는 데 조언해주실 만한 내용이 있을까요? 요즘 사람들이 신체 운동을 하는 것처럼 정신 훈련도 똑같이 실천하는 모습을 머지않아 볼 수 있게 말입니다.

달라이 라마 어려운 이야기입니다만, 한 가지는 아주 분명합니다. 이미 그런 노력을 기울이고 있는 분들도 있습니다. 이런 세속 윤리를 현대 교육 시스템에 도입할 방법에 대해 더 많이 연구해야 합니다. 지난해 캐나다를 방문했을 당시 몬트리올에서 퀘벡 지역 내 교원 양성 학교를 대표하는 학생들 400여 명과 만났습니다. 그때 만남의 주제는 '교사들이 어떻게 하면 종교를 배제한 윤리 교육을 생각할 수 있을까?'였습니다.

툽텐 진파 이런 주제를 다룬 데는 퀘벡 주 교육위원회 지침이 일부 영향을 미쳤습니다. 퀘벡 주 교육위원회가 전통적인 종교 교육을 없애고, 그 대신 '윤리와 세계 종교 문화'라는 새로운 과목을 도입했기 때문입니다.

달라이 라마 오늘날 대단히 중요한 문제라고 생각합니다. 유치원에서부터 대학교까지 이어지는 현대 교육 시스템에 세속 윤리를 어떻게 포함시킬 것인지 더 많은 연구가 필요합니다. 이 자리에 계신 전문가들이 현실을 경험하고 관찰하여 만드는 새로운 자료들이 중요한 정보로 교재에 포함되리라 생각합니다. 그러면 이런 것들의 가치를 많은 사람들이 볼 수 있겠지요. 그러는 동안 리처드 데이비슨과 같은 과학자들이 연구를 계속해야 합니다. 문제는 마티외 리카르 같은 수행자들이 직접 참여한 연구가 아주 제한적이라는 사실입니다.

저는 이따금 힌두교 수행자나 요가 수행자들을 만나면 그들이 경험하는 '내면의 열기inner heat' 같은 것들을 널리 알릴 때가 왔다고 이야기했습니다. 그들이 눈 덮인 산에서도 몇 개월씩이나 따뜻한 옷을 입지 않고 지낼 수 있는 것을 보면 내면에 열기가 있는 게 틀림없습니다. 그들이 나서길 바라는 것은 개인적으로 유명해질 수 있기 때문이 아니라, 사람들에게 명상과 요가 수행이 지닌 진정한 효과를 증명해 보이기 위해서입니다. 명상은 불교에서만 하는 게 아니라 다른 종교 전통에서도 하는 수행 방법입니다. 기독교 전통에도 깊은 명상 전통이 있다고 들었습니다. 그리스 일부 지역에서는 여전히 전통적인 기독교 묵상을 실천하고 있다고 하고요. 다만 안타깝게도 기독교도가 아닌 사람들은 참여할 수 없고, 여성 참여가 불가능한 경우도 있습니다. 조앤 할리팩스와 나는 둘 다 가볼 수가 없군요.

조앤 할리팩스 달라질 거라고, 저는 확신합니다. 이번엔 존 던과 말씀을 나눠보겠습니다. 소개해주신 불교 경제학은 보편적 혹은 완전한 경제학을 이해하는 데 큰 도움이 되었습니다. 지금 논의되고 있는 주제와 관련해 발표 내용을 요약해주시기를 부탁드립니다.

무지를 깨닫고 의문을 던지는 삶의 태도

존 던 이번 콘퍼런스에서 여러 발표를 듣고 많은 용기를 얻었습니다. 아주 희망적인 요소들이 많았습니다. 먼저 이타심이 인간에게 기본적으로 내재된 잠재력일 수 있다는 의견을 들었습니다. 또한 불교에 이타심을 기르는 데 효과적인 방법이 있다는 것도 알았습니다. 이 방법을 불교도가 아닌 일반 대중에게로 확대시켜도 효과를 볼 수 있을 것 같은 가능성을 보여주는 실험 결과도 있고요.

앞서 질의응답 과정에서 아주 흥미로운 주제가 몇 가지 부각되었습니다. 그중 도전 의식을 자극하는 두세 가지만 짚어보겠습니다. 하나는 내면 경제학을 이야기할 때 우리가 행복의 원인을 잘못 알고 있다는 주장입니다. 불교는 서구 문화권 사람들이 행복에 대해 갖고 있는 생각에 이의를 제기합니다. 티베트에서는 불교에서 말하는 행복의 근원을 '욕망을 줄이고 쉽게 만족하기'라고 표현합니다. 문화적인 측면에서 보면, 우리가 산만한 삶을 살면서 외적 경제학에만 너무 집착한 나머지 내면 경제학을 돌볼 시간이 없다는 것이 우리가 가진 문제의 일부라는 것입니다. '욕망을 줄이고 만족하기'라는 티베트식 표현은 '덜

사기buy less'라고 번역되기도 합니다.

경제학 관련 콘퍼런스에는 적절하지 않을 수도 있지만 반복적으로 제기되는 문제가 하나 더 있습니다. 문화적으로 우리에게 아주 중요한 문제입니다. 인문과학에 속한 여러 분야에서는 지난 수백 년간 우리 자신에 대한 개념, 즉 정체성에 대한 생각이 크게 바뀌었다는 데 동의합니다. 그전까지는 자신에 대해 상호의존적인 개념을 갖고 있었습니다. 수백 년 전으로 거슬러 올라가 기독교 신비주의자이자 성직자인 위대한 마이스트 에크하르트Meister Eckhart는 다음과 같이 말했습니다.

"나는 신을 믿지 않게 해달라고 신께 기도합니다."

그때만 해도 절대자에 연연하고 자기 자신에 연연하는 태도는 상호연결성과 상호의존성을 이해하는 데 방해가 된다고 인식했습니다. 상호연결성과 상호의존성은 이타심을 기르는 데 아주 중요한 개념입니다.

하지만 긴 시간을 지나오면서 서구 사회는 갈수록 원자화되고 더욱 개인주의적으로 변했습니다. 이러한 자기 인식과 그것을 둘러싼 문화적 관습을 극복하고 진정한 상호연결성이 보다 적극적으로 꽃 피울 수 있도록 불교의 지혜를 활용하는 것이 우리 서구 문화권의 과제입니다. 그런 방향으로 우리를 이끌어갈 연구 계획과 프로젝트를 개발할 수 있을 것이라고 기대합니다. 저는 아주 낙관적으로 생각합니다.

달라이 라마 지난 몇 년간 마인드&라이프 콘퍼런스가 거의 해마다 열리고 있는데 매년 발표되는 내용 하나하나가 무척이나 고무적입니다. 적어도 참여하시는 분들 사이에는 지금 (경제) 상황에 만족하지 못한다는 공감대가 분명히 형성되어 있는 것 같습니다.

우리는 우리 스스로 만들어낸 불필요한 문제들에 직면하고 있습니다. 분명 누구도 원치 않는 문제들이건만 대부분 우리 자신이 그 문제의 원인입니다. 왜 그럴까요? 첫째, 무지하기 때문입니다. 여기서 무지라 함은 전체적인 시각으로 보고 이해하는 능력이 부족하다는 의미입니다. 둘째, 내적 가치를 중시하는 태도를 잊어버렸기 때문입니다. 그래서 돈의 노예가 되고, 기계의 노예가 되어버렸습니다. 다행스럽게도 많은 지혜로운 사람들이 그런 식의 삶에 의문을 갖고 질문을 던지기 시작했습니다. '도대체 뭐가 잘못된 거지?' '이런 문제를 줄이려면 어떻게 해야 할까?' 아주 바람직한 징조라고 생각합니다. 인간의 발전과 진화는 모두 이런 식으로 진행되어왔습니다. 따라서 대단히 고무적인 일이라고 생각합니다.

더 나아가 가족이나 친구들과 토론하고 함께 탐구해볼 수도 있을 것입니다. 사람들과 연락하고, 글을 쓰고, 혹시 텔레비전 프로그램에 나가 이야기할 기회가 있다면 이 주제에 관해 더 많은 이야기를 나눠보십시오. 비참한 삶을 살고 있는 사람들은 대부분 그런 처지에서 벗어날 방법을 알지 못합니다. 그러니 이런 논의가 점점 더 대중적으로 이뤄져야 한다고 생각합니다. 그러면 점점 더 많은 사람들이 내적 가치에 관심을 보일 것입니다. 적어도 그들 중 일부는 정신적 스트레스가 줄어들 것입니다. 스트레스를 감소시키고 다른 사람들이 더 행복하도록 돕는 것이 우리가 기여할 수 있는 부분이고 목표이기도 합니다.

머잖아 우리는 이 세상과 작별하고 떠나야 합니다. 이 자리에 앉아 있는 우리들 중 누가 먼저 떠날지는 알 수 없습니다. 그러나 우리가 이 분야에 쏟아부은 노력은 미래 세대에게 분명 이로울 것입니다.

주

들어가며

1. 마인드&라이프 홈페이지 www.mindandlife.org.
2. 6장과 10장 참고
3. 7장 참고
4. 8장과 11장 참고
5. 8장 참고
6. Kasser, Tim. 2003. The High Price of Materialism. Cambridge: MIT Press.
7. Smith, Adam. (1776) 2008. The Wealth of Nations. New York: Oxford University Press, book 1, chapter 2.
8. Edgeworth, F. Y. (1881) 1967. Mathematical psychics, an essay on the application of mathematics to the moral sciences. Reprints of Economic Classics. New York: Augustus M. Kelley Publishers, 16.
9. 3장과 5장 참고
10. 14장 참고
11. 9장 참고
12. 1장 참고

13. 6장과 10장 참고
14. Stiglitz, Joseph E. 2012. The Price of Inequality: How Today's Divided Society Endangers Our Future. New York: W. W. Norton & Company.
15. 8장 참고
16. Learn more about Mind and Life's publications and research initiatives on page 211.

1장

1. La Rochefoucauld, F., Duke de. 1691. Moral maxims and reflections, in four parts. London: Gillyflower, Sare & Everingham, maxim 82.
2. Mandeville, Bernard. 1732. The fable of the bees: or, private vices, public benefits. London: J. Tonson, 42.

2장

1. Lamm, C., J. Decety, and T. Singer. 2011. "Meta-analytic Evidence for Common and Distinct Neural Networks Associated with Directly Experienced Pain and Empathy for Pain." NeuroImage 54 (3): 2492–2502.
2. 3장 참고
3. 6장 참고

6장

1. Stigler, George J. 1981. "Economics or Ethics?" In Tanner Lectures on Human Values, vol. 2, edited by Sterling McMurrin. Cambridge: Cambridge University Press.
2. Williamson, Oliver E. 1985. The Economic Institutions of Capitalism. New York: Free Press, 47.

7장

1. Sanskrit: yadā mama pareṣāṃ ca tulyam eva sukham priyam / tadātmanaḥ ko viśeṣo yenātraiva sukhodyamaḥ. Śāntideva. 1960. "Bodhicaryāvatāra of Śāntideva with the Commentary Pañjikā of Prajñākaramati." In Buddhist Sanskrit Texts no. 12, edited by P. L. Vaidya. Darbhanga: The Mithila Institute of Post−Graduate Studies and Research, chapter 8, verse 95.
2. Sanskrit: ye kecid duḥkhitā loke sarve te svasukhecchayā / ye kecit sukhitā loke sarve te 'nyasukheccahyā. Ibid, chapter 9, verse 129.
3. Heim, Maria. 2004. Theories of the Gift in South Asia. London: Routledge.
4. Rotman, Andy. 2008. Thus Have I Seen: Visualizing Faith in Early Indian Buddhism. New York: Oxford University Press.

10장

1. Herrmann, Benedikt, Christian Thöni, and Simon Gächter. 2008. "Antisocial Punishment Across Societies." Science 319 (5868): 1362–1367. doi:10.1126/science.1153808.

12장

1. BBC News World. 2011. "Population Seven Billion: UN Sets Out Challenges." Accessed 22 May. [2014?] http://www.bbc.co.uk/news/world-15459643.
2. Chaia, Alberto, Tony Goland, and Robert Schiff. 2010. "Counting the World's Unbanked." McKinsey Quarterly. Accessed 22 May. [2014?] http://www.mckinseyquarterly.com/Counting_the_worlds_unbanked_2552.
3. 그림 11.1 참고
4. Source: responsAbility
5. Bourguignon, François, and Christian Morrisson. 2002. "Inequality

among World Citizens: 1820–1992." The American Economic Review 92 (4): 727–744. http://www.jstor.org/stable/3083279.

그림

그림 1.1: Adapted from Batson, C. D., B. Duncan, P. Ackerman, T. Buckley, and K. Birch. 1981. "Is Empathic Emotion a Source of Altruistic Motivation?" Journal of Personality and Social Psychology 40: 290–302, table 3.

그림 2.1: Adapted from Singer, T., and G. Hein. 2012. "Empathy in Humans and Animals: An Integrative Approach." In The Primate Mind, edited by F. B. M. de Waal and P. F. Ferrari. Cambridge: Harvard University Press.

그림 2.2: Adapted from Lamm, C., J. Decety, and T. Singer. 2011. "Meta-analytic Evidence for Common and Distinct Neural Networks Associated with Directly Experienced Pain and Empathy for Pain." NeuroImage 54 (3): 2492–2502.

그림 2.3: Adapted from Klimecki, O. M., S. Leiberg, C. Lamm, and T. Singer. 2012. "Functional Neural Plasticity and Associated Changes in Positive Affect after Compassion Training." Cerebral Cortex. Advanced Online Publication. doi:10.1093/cercor/bhs142.

그림 3.4: Lutz, A., J. A. Brefczynski-Lewis, T. Johnstone, and R. J. Davidson. 2008. "Regulation of the Neural Circuitry of Emotion by Compassion Meditation: Effects of Meditative Expertise." PLoS ONE 3 (3): e1897. doi:10.1371/journal.pone.0001897.

그림 4.1: Silk, J. B. 2008. "Social Preferences in Primates." In Neuroeconomics: Decision Making and the Brain, edited by P. Glimcher, C. Camerer, E. Fehr, and R. Poldrack. London: Elsevier, 267–282. Image by Ruby Boyd.

그림 6.2: Naef, Michael, Ernst Fehr, Urs Fischbacher, Schupp Jürgen, and Gert Wagner, unpublished data. Decomposing Trust: Explaining

National and Ethnic Trust Differences.

그림 8.1: Layard, Richard. 2011. Happiness: Lessons from a New Science, 2nd ed. London: Penguin, 281–2.

그림 8.2: Gallup Daily Poll Figure

그림 8.3: Diener, E., and E. M. Suh, eds. 2000. Culture and Subjective Well-Being. Cambridge: MIT Press, 168. Figure

그림 8.4: Wilkinson, R., and K. Pickett. 2009. The Spirit Level: Why More Equal Societies Almost Always Do Better. London: Allen Lane/Penguin, 52.

그림 9.1: Harbaugh, William, Ulrich Mayr, and Daniel Burghart. 2007. "Neural Responses to Taxation and Voluntary Giving Reveal Motives for Charitable Donations." Science 316: 1622. doi:10.1126/science.1140738.

그림 10.1: Fehr, Ernst, and Simon Gächter. 2000. "Cooperation and Punishment in Public Goods Experiments." American Economic Review 90 (4): 980–94.

그림 11.1: Forma Futura Invest Inc.

그림 11.2: Otto Scharmer

그림 12.1: World Bank 2008, http://data.worldbank.org/topic/poverty

보살핌의 경제학 CARING ECONOMICS

이타심은 어떻게 경제적 자본이 되는가?

1판 1쇄 인쇄 2019년 4월 16일
1판 1쇄 발행 2019년 4월 25일

지은이 달라이 라마, 타니아 싱어, 마티외 리카르 외
펴낸이 이선희
옮긴이 구미화
감수자 안희경

편집 이선희 서진영 박민주
모니터링 박소연
디자인 표지 고은이 본문 이보람
일러스트 김선미
마케팅 1 정민호 정현민 김도윤
마케팅 2 한정덕 최지연 장철용 김재선
홍보 김희숙 김상만 이천희
저작권 한문숙 김지영
제작 강신은 김동욱 임현식
제작처 영신사

펴낸곳 (주)나무의마음
출판등록 2016년 8월 25일 제406-2016-000107호
주소 10881 경기도 파주시 회동길 210
문의전화 031-955-2683(편집) 031-955-8891(마케팅) 031-955-8855(팩스)
전자우편 sunny@munhak.com

ISBN 979-11-959068-6-4 03320

• (주)나무의마음은 (주)문학동네의 계열사입니다.
• 이 도서의 국립중앙도서관 출판예정도서목록(CIP)은 서지정보유통지원시스템 홈페이지(http://seoji.nl.go.kr)와 국가자료종합목록시스템(http://www.nl.go.kr/kolisnet)에서 이용하실 수 있습니다.
(CIP제어번호 : CIP2019011189)

www.munhak.com

CARING
EC NO-
MICS